Lust auf Lettering

EX · LIBRIS ·

Martina Flor

Lust auf Lettering

EIN PRAXISERPROBTER WORKSHOP
IN ZEHN SCHRITTEN

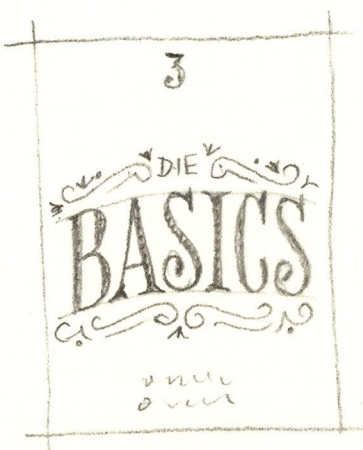

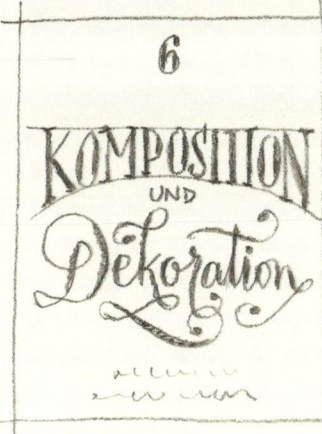

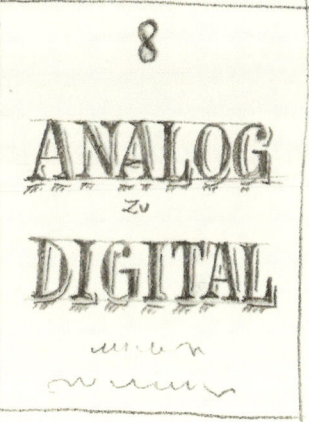

INHALT

Was in diesem Buch
zu finden ist!

Die Basics von Schriftgestaltung /
Optischer Ausgleich / Kalligrafie-Basics /
Wechselstrich & Schwellstrich

Lettering-Stile / Serifen- und Serifenlose,
Schreib-, Brush-, Fraktur-, Funky, Dekorierte
Schriften / Struktur / Verzerrung /
Dekoration / Rohskizzen / Verzierung /
Digital-Zeichnung / Farbgebung /
Textur / Schatten / Kommerzielles Lettering /
Pricing / Zeitplanung / Standards

Folgenfrohe Backstage-Begegnung

»Wie kommen Sie eigentlich an Autoren und Themen«, das ist eine der häufigsten Fragen an uns Verleger. Und die Antwort ist umfang- und facettenreich, denn hinter jedem Buch steht eine ganz eigene Geschichte. Ein Buch zum Handlettering, das Gestaltungsprofis weiterbringt, wollten wir lange machen. Wenn uns ein Thema beschäftigt, scannen wir alles, was wir sehen, lesen, erzählt bekommen, aber es steht uns ja nicht »Handlettering-Profi mit begeisternder Vermittlungskompetenz gesucht« auf der Stirn. Und so blieb das Thema unter den unerfüllten Verlegerträumen liegen.

Dann kam der Mai 2015. Bertram war als Redner auf die Typo in Berlin eingeladen, und es gibt viele Gründe, weshalb man zu solch einer Einladung immer Ja sagen sollte. Einer ist das Leben im Sprecherraum. Abseits vom vitalen Gewusel sitzt man da mit den anderen Referenten, bereitet seinen Vortrag vor oder stößt mit anderen, die auch schon dran waren, darauf an – und in gelöster, kollegialer Atmosphäre entspinnen sich Gesprächsfäden, die sich über die Tage zu ganz eigenen Typo-Talks verweben. Dort machte uns Jürgen Siebert mit Martina Flor bekannt. Ihre Arbeit hatten wir schon im Netz gesehen – und waren nicht nur auf Facebook bereits Fans. Nun berichtete sie von ihrer Lettern-Leidenschaft, von Seminaren, die sie gibt, von ihren Aufträgen und typografischen Beobachtungen.

Wir wissen nicht, ob Martina Flor wusste, dass »ein Buch mit Schmidt machen« von allen möglichen Wegen nie der einfachste ist. Wir wissen nicht, ob Martina Flor wusste, was es heißt, ein Letteringbuch mit Bertram zu machen, der seit der Schriftsetzerlehre selbst begeistert seine Schrift trainiert. Und wir wissen nicht, ob Martina Flor bewusst war, dass ein Kind bekommen und ein Buch schreiben bei anderen über zehn Jahre verteilt wird und nicht über eines.

Aber wir wissen: die Zusammenarbeit war ein echtes Miteinander, ein fruchtbares Pingpong. Die persönlichen Begegnungen waren immer Höhepunkte der Wochen, in denen sie stattfanden. Jedes Mal konterte Martina Flor eine Anregung von uns gleich mit der nächsten, noch besseren Idee. Und jedes Mal erklomm das Buch, das nun vor Ihnen liegt, wieder ein höheres Level.

↑ Vorwort: Hier könnten wir Skizzen und verworfene Doppelseiten zeigen

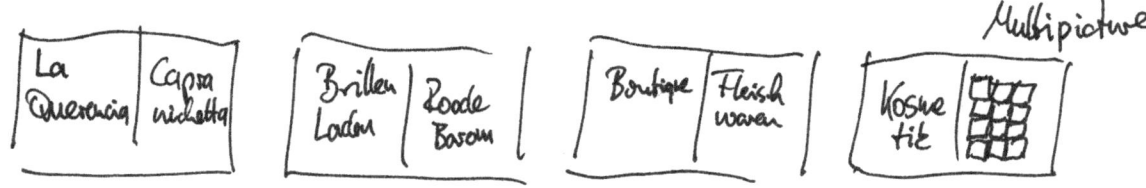

Aus praxiserprobten Lehreinheiten wurden ineinander-
fließende Kapitel. Aus einem bunten Farbleitsystem
wurde ein intellektueller roter Faden. Aus Liebe zur
Schrift wurde eine Liebeserklärung in Buchform.
Alles, damit aus Ihrer Handschrift noch mehr wird.
Viel Freude beim Schulen Ihres typografischen
Auges, beim Skizzieren und Komponieren und beim
vitalen Ausleben Ihrer Lust auf Lettering.

Herzlich

Karin & Bertram Schmidt-Friderichs

PS: Liebe Martina Flor, danke für eine wunderbare
Zusammenarbeit! Liebe Leserinnen und Leser:
Es hat uns Freude gemacht, für Sie das Beste aus
Martina Flor herauszukitzeln.

Lust auf handgemachte Typografie?

Buchstaben sind überall: auf unserer Zahnbürste, auf der Zuckerverpackung für unseren Frühstückskaffee, auf der Brötchentüte, auf dem Bus, auf der Computertastatur... Fast alle Dinge unseres Alltags sind mit Buchstaben bedruckt, die jemand mal mehr, mal weniger sorgfältig geplant und gestaltet hat – um Dinge zu »bezeichnen« und zu »beschreiben« – ihnen einen Namen zu geben.

Seit Beginn der Menschheit gibt es das Bedürfnis, die Sprache als Bild festzuhalten. Durch immer schnellere und einfachere Techniken, Buchstaben und Schriften zu erzeugen, können wir heute auf zigtausende digitale Fonts in allen möglichen Formen und Stilen zugreifen. In diesem Kontext ist es nicht verwunderlich, dass die Liebe zu handgemachter Typografie eine Renaissance erfährt.

Dieses Buch behandelt den Prozess des Buchstabenzeichnens mit der Hand, den wir Lettering nennen. Es geht nicht um unperfekte, gekritzelte, handgemachte Schreibschriften, sondern um wohlgeformte, exquisite und am Ende sorgfältig digitalisierte Buchstaben-Bilder. Weder um Kalligrafie noch Schrift-Entwurf, sondern um das, was früher Schildermaler in hoher Perfektion machten.

Im ersten Teil des Lettering-Prozesses skizzieren wir die Buchstaben mit der Hand, um dann im zweiten Teil die Skizzen mit einem Vektor-Programm zu digitalisieren. Doch vorher trainieren wir unser »typografisches Auge« durch die Betrachtung von Schrift in unserer Alltagsumgebung. Daraufhin werden wir die grundlegenden Konzepte des Letterings kennenlernen und kurz in die Kunst der Kalligrafie eintauchen, um ihre Einflüsse auf den Aufbau der Buchstaben zu verstehen. Danach begeben wir uns direkt in die Welt des Lettering-Designers und lernen, welche unterschiedlichen Wege es gibt, Buchstabenformen zu erschaffen. Um unser Ergebnis planen zu können und unsere eigene Arbeit zu strukturieren, schauen wir uns Grundregeln der Komposition und Verzierung an.

Außerdem möchte ich euch einen Einblick in die professionelle Arbeit eines Lettering-Designers geben und beschreiben, mit welchen Arbeiten er beauftragt wird. Ich werde euch ein paar Tipps geben, wie man Kunden gewinnt und wie ihr eure Arbeiten richtig präsentiert.

Schließlich erfahren wir, wie man Schritt für Schritt einen typischen Auftrag umsetzt, dabei erfolgreich mit dem Kunden kommuniziert und mit Feedback umgeht – ein wichtiger Punkt, wenn man als Lettering-Designer Geld verdienen will.

Bevor wir damit anfangen, möchte ich betonen, dass dieses Buch *eine* bestimmte Herangehensweise zeigt – und zwar meine eigene! Sie ist einerseits durch meine Erfahrungen in der professionellen Auftragsarbeit geprägt und andererseits von den vielen Lehrern und Kollegen, von denen ich lernen durfte. Und nicht zuletzt auch von meinem Engagement als Lehrende an Hochschulen und bei privaten Workshops.

In meinen Workshops habe ich viele unterschiedliche Menschen angeleitet. Manche hatten schon Hintergrundwissen aus verwandten Fachrichtungen, etwa Architekten, Designer und Illustratoren. Andere wiederum hatten gar keine Vorkenntnisse, darunter waren Tätowierer, Jura-Studenten und Hausfrauen. Von diesen verschiedenen Schülern und Schülerinnen habe ich eines gelernt: Jede und jeder kann lernen, Buchstaben zu zeichnen. Und wird durch Übung schnell besser.

Ich habe Type Design studiert, dabei vor allem gelernt, wie man gut lesbare, quasi neutrale Schriftformen entwirft. So war es für meine Arbeit als Lettering-Designerin die größte Herausforderung, zu einer ausdrucksstarken, direkten und farbigen Bildsprache zu finden. Ich musste von der systematischen, schwarz-weißen und konzeptfreien Denkweise des Schriftgestalters zu einer Ausdrucksweise gelangen, bei der es darum geht, durch Buchstabenformen in Kombination mit Farben und Texturen Geschichten zu erzählen.

Eine lockeres Handgelenk zu entwickeln und gleichzeitig ein professionelles »Artwork« zu erschaffen ist eine ständige Herausforderung! In diesem Buch möchte ich meine Erfahrungen, die ich durch langjährige Übung gemacht habe, mit euch teilen. Das Buch ist weit entfernt davon, euch schöne Alphabete zu zeigen, die ihr kopieren und ausmalen könnt. Vielmehr möchte ich euch Konzepte, Werkzeuge und Techniken an die Hand geben, die euch auf dem Weg zu eurem ganz eigenen, persönlichen Lettering-Stil helfen. Seid bereit, sie zu üben und euch zu eigen zu machen. Am Ende dieses Buches werdet ihr Schrift in einem völlig neuen Licht sehen.

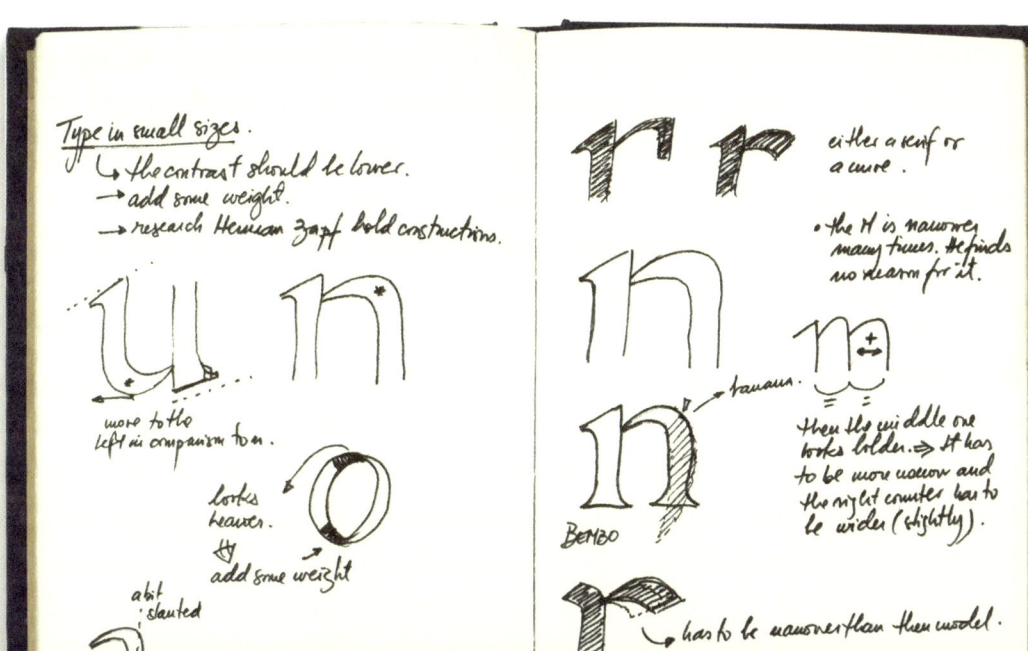

Skizzenbuch mit Schriftentwürfen aus meinem Type-Design-Studium in den Niederlanden

Kapitel 1

Was ist Kalligrafie?
Was ist Type Design?
Was ist Lettering?

Verwendungszwecke

 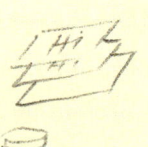 

1

VISUELLES·
Storytelling

Lettering in Abgrenzung
zu Kalligrafie und Type Design

Illustration mit und aus Buchstaben

Wenn ich vom Lettering spreche, meine ich einen einzigartigen und persönlichen typografischen Ausdruck für eine konkrete Anwendung, der mit sorgfältig ausgewählten Formen, grafischen Elementen, Farben und Strukturen eine bestimmte Eigenschaft oder Botschaft vermittelt.

In diesem Sinne erzählt Lettering eine Geschichte mit gezeichneten Buchstaben. Es erzählt eine Geschichte, weil es einen Inhalt, eine Idee oder eine Eigenschaft gibt, die übermittelt werden soll. Dafür werden einzigartige und außergewöhnliche Buchstabenformen für die jeweilige Verwendung handgefertigt. Es werden keine Druckschriften eingesetzt, die irgendwo gekauft und einfach benutzt werden können. Die gezeichneten Buchstaben bilden auch selbst keine neuen Schriftarten, die mehrmals verwendet werden könnten. Lettering hat eher den Charakter einer Illustration mit Buchstaben – das Ergebnis ist ein einzigartiges Design-Unikat.

Lettering wird oft mit Type Design verwechselt. Ein Schriftgestalter konzentriert sich auf die Gestaltung des Alphabets, in dem die Buchstaben in jeder möglichen Kombination zu Wörtern und Sätzen zusammengesetzt werden können. Druckschriften sind konzeptfrei und bekommen eine bestimmte Anmutung oder vermitteln eine bestimmte Botschaft, je nachdem, welcher Designer oder Typograf sie anwendet und sie gemeinsam mit Bildern und Farben zu einem Layout zusammenstellt. Erst die Anwendung der Schriftart erzeugt ihren individuellen Ausdruck.

Lettering ist auch nicht gleichzusetzen mit der Kalligrafie, der Kunst des »Schönschreibens«. Während der Lettering-Designer die Buchstaben zeichnet, bemüht der Kalligraf sich, Buchstabenformen nach bestimmten Vorbildern oder frei in einem Zug zu schreiben. Der Wert dieser Kunst besteht in den Spontaneitäten und Unvollkommenheiten des einmaligen Strichs, den die Bewegung des Werkzeugs mit der Hand auf dem Papier hinterlässt. Sie ist jeweils unwiederholbar.

Während Lettering zwar den spontanen Duktus des Schreibens mit der Hand imitiert, ist es jedoch das Ergebnis vieler sorgfältiger und bewusster Entscheidungen darüber, wie dieser Bogen oder jene Form aussehen sollten. In diesem Sinne ist Lettering eine designbezogene Disziplin, immer mit der Absicht, eine Idee oder einen Inhalt zu kommunizieren.

Obwohl alle drei Disziplinen mit Buchstabenformen zu tun haben, sind die Vorgänge und der Zeitbedarf sehr unterschiedlich. Der Entwurf einer neuen Schrift durch einen Type Designer erstreckt sich normalerweise über Monate, häufig sogar Jahre. Die Arbeit eines Lettering-Designers ist oft von einem Kunden abhängig und mit (häufig sehr engen) Fristen verbunden. Lettering-Projekte erzeugen meist innerhalb weniger Wochen fertige Ergebnisse.

Kalligrafie

Ein Kalligraf beherrscht die Kunst des »Schönschreibens«. Durch die Verwendung unterschiedlicher Werkzeuge erzeugt er Variationen und Spontaneität. Da Kalligrafie die einmalige Spur der Handbewegung auf dem Papier ist, wird das erzeugte Kunstwerk nicht wiederholbar und einzigartig. Statt Satzschriften verwendet der Kalligraf bestimmte individualisierte Schrift-Stile.

Type Design

Ein Schriftgestalter entwirft ein komplettes Alphabet, dessen Buchstaben am Ende als Font gespeichert werden und in jeder denkbaren Kombination harmonisch zusammenwirken. Es handelt sich also um ein modulares System aus Buchstaben. Satzschriften sind konzeptfrei und können unendlich oft in den unterschiedlichsten Projekten genutzt werden. Sie interpretieren durch ihre Verwendung und im Zusammenspiel mit anderen Designelementen die Botschaft.

Lettering

→ Damit beschäftigt sich dieses Buch

Der Lettering-Designer gestaltet ein Wort oder eine Wortfolge für eine spezielle Anwendung, mit dem Ziel, eine bestimmte Botschaft oder Emotion zu vermitteln. Die Benutzung des Schriftzuges ist auf die einmalige Anwendung beschränkt, für die er gestaltet wurde. Dabei wird jeder Buchstabe neu gezeichnet, folglich ohne die Benutzung bereits existierender Schriftarten.

Lettering ist fast überall

Lettering kann auf jedes Produkt appliziert werden, das mit Buchstaben bedruckt, geprägt oder graviert werden kann. Es gibt jedoch typische Anwendungen, bei denen Lettering häufig als ein visuelles Zeichen oder als Unterscheidungsmerkmal verwendet wird. Vor allem dort, wo Individualität, Handwerk, Tradition, Qualität und liebevolles »craftsmanship« signalisiert werden soll.

POSTER

BUCHTITEL

5.

6.

1.

ENLADUNGSKARTEN

3.

OBJEKTE

2.

KUNSTDRUCKE

4.

ZIFFERN
UND ZAHLEN

So hat sich Lettering als Methode etabliert, um starke Marken zu erschaffen, die sich klar von anderen unterscheiden und gleichzeitig bestimmte Eigenschaften und Werte hervorheben. In solchen Fällen ist die gestalterische Arbeit von vielen Faktoren beeinflusst: die Marke muss gut lesbar und leicht wiederzuerkennen sein, in unterschiedlichen Größen funktionieren, in einer Farb- und einer Schwarzweiß-Variante verfügbar sein und eventuell noch weitere Ansprüche erfüllen.

Außerdem wird Lettering gern zu illustrativen Zwecken eingesetzt, um bestimmte Assoziationen zu wecken, beispielsweise als Begleitung eines Zeitschriftenartikels oder auf einem Buchcover. Oder es fungiert als dekoratives Element auf Kleidung, Werbematerialien oder Interior Design. In diesen Fällen gibt es außer bei Format und Farbigkeit wenig Einschränkungen, sodass das Ergebnis ausdrucksstärker, farbiger und freier gestaltet werden kann.

MAGAZIN COVER

7.

VERPACKUNGEN UND ETIKETTEN

8.

9.

BEKLEIDUNG

10.

LOGOS UND WORTMARKEN

11.

INITIALEN UND TEXTVERZIERUNGEN

12.

AUFTAKTSEITEN

13.

EDITORIAL DESIGN

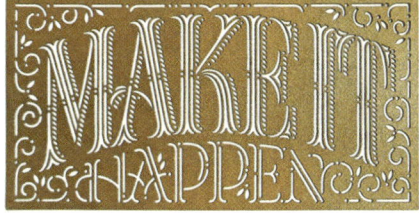

14.

EPHEMERA

15.

WERBEKAMPAGNEN

16.

POSTKARTEN

17.

WERBEARTIKEL

18.

1. Einladung zur Hochzeit von Eni und Luca
2. Kunstdruck zur Eigenwerbung
3. Druck auf Holz für die »Good Type«-Workshop-Reihe
4. Zierbuchstaben für das Variety Magazin. ad: Chris Mihal
5. Poster für Sandown Park. ad: Scott McNamee
6. Buchcover für Walker Books uk. ad: María Soler Canton
7. Titelillustration für das 11 Freunde Magazine. ad: Sabine Kornbrust
8. Lettering für Bluelime. ad: Josefina Alvarez
9. Design für die Beyond Tellerrand Conference
10. Logo für Matt Murphy Illustration
11. Initiale für LetteringvsCalligraphy.com
12. Auftaktseite für das ad Magazine Spain. ad: Patricia Ruigomez
13. Titelzeile für der spiegel Wissen. ad: Jens Kuppi
14. Schablone für Eigenwerbung
15. Kampagnen-Design für Fontshop. ad: Claudia Guminsky
16. Postkarten-Design für Harrods. ad: Pippa Kate Bridle
    Postkarten-Design für Handsome Frank. ad: Tom Robinson
17. Stofftasche für kfc. ad: Charlotte Khushi
18. Tassen-Gestaltung zur Eigenwerbung

und noch viel, viel Mehr...

Kapitel 2

• Schriftzüge Beispiele

KRITIK

Beobachtung

Aus:
Buenos Aires, Rom,
Berlin, Den Haag,
Barcelona
        und mehr!

2

Das typografische Auge

Von der Bedeutung des Beobachtens

Die Schulung des typografischen Auges
Analytisch beobachten statt lesen

2.

Die Fähigkeit des wachen Beobachtens ist ein Werkzeug, das uns dazu befähigt, Formen zu analysieren und Gestaltung zu bewerten – das hilft ungemein in unserem eigenen Gestaltungsprozess.

Je mehr Übung wir darin haben, bestimmte Merkmale der Buchstaben zu erkennen, umso einfacher wird es, einen Schriftzug zu bewerten. Mit der Zeit wird das »typografische Auge« präziser und wir erkennen auch kleine Variationen und Formabweichungen.

Wie können wir also unsere Beobachtungsgabe trainieren? Wir betrachten die Dinge mit einer kritischen Grundhaltung. Das heißt, wir versuchen die Logik hinter einem Schriftzug zu sehen. So, wie wir eine Maschine zu verstehen versuchen, indem wir die Beziehungen ihrer einzelnen mechanischen Teile anschauen, so kann die Typografie von ihrem Gesamteindruck bis hin zum kleinen Detail analysiert werden. Das heißt, wir betrachten das vordergründige Bild oder den ersten Eindruck genauso wie das weniger Offensichtliche, das Besondere und das Detail.

Wir sind umgeben von Buchstaben, und der einfachste Weg unser Auge zu trainieren ist, genau diese Beispiele aus dem Alltag zu nutzen. Der erste Schritt könnte sein, die Gesamterscheinung zu betrachten. Wir können uns fragen, warum ein Straßenschild auf diese Art und Weise gestaltet wurde, und wir können versuchen, die Anmutung und die Werte zu beschreiben, die dieses Schild vermittelt. Sind die Buchstaben freundlich oder eher steif? Strahlt das Schild Weichheit oder Härte aus? Wie sind die Buchstaben geformt, um diese Anmutung zu erzeugen?

Wir können überlegen, an wen sich das Schild richtet und welche Formen und Elemente es benutzt, um zu seinem Publikum zu sprechen.

1.

4.

1. Paris. Ladenschild. Foto
   von Jean François Porchez
2.–4. Barcelona. Fotos von
   America Sanchez,
   aus Barcelona Grafica,
   Editorial Gustavo Gili
5. Monte Carlo.
   Autobeschriftung.

Beobachten heißt schauen, analysieren und unsere Eindrücke in Worte fassen. Es heißt aber auch, die Beziehungen zwischen den einzelnen Teilen des Ganzen zu sehen und zu verstehen, warum sie sind, wie sie sind.

Wenn wir eine erste Annäherung an das Gesamtbild gemacht haben, können wir zu den einzelnen Bestandteilen und ihren Besonderheiten übergehen.

Eine praktischer Ansatz dafür ist, die Grundformen zu betrachten und sie zu gruppieren. Wir können in unserem Alphabet Buchstaben finden, die überwiegend rund sind, wie das e oder das a.

Andere Formen sind durch ihre vertikalen Striche gekennzeichnet, beispielsweise das n, das t oder das i. Wir können also Buchstaben-Gruppen bilden, sie vergleichen und dabei Ähnlichkeiten und Beziehungen zwischen ihnen erkennen.

Ähnliches lässt sich in den Strichstärken und in den Strichenden beobachten: Sind sie dick oder dünn? Sind die Enden eckig oder rund? Werden sie gleichbleibend über das ganze Wort verwendet?

Um unser typografisches Auge zu schulen, werden wir auf den folgenden Seiten eine Reihe von Fundstücken aus dem öffentlichen Raum betrachten, sie analysieren und ihre Details beurteilen.

3.

5.

Schatten

Bei den Großbuchstaben sind auch die dekorativen Elemente größer

Die Buchstabenbreite ist ähnlich, aber <u>nicht</u> die gleiche

ÄHNLICHE STRICHABSCHLÜSSE

La QUERENCIA

Buenos Aires

Das ist ein Großbuchstabe

Diese Buchstaben sind kleiner, sehen aber wie Großbuchstaben aus

Die Serife des <u>L</u> hat eine Beziehung zum Querstrich des <u>A</u>

BEACHTE DIE VIELEN EBENEN

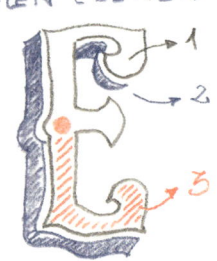

SERIFEN

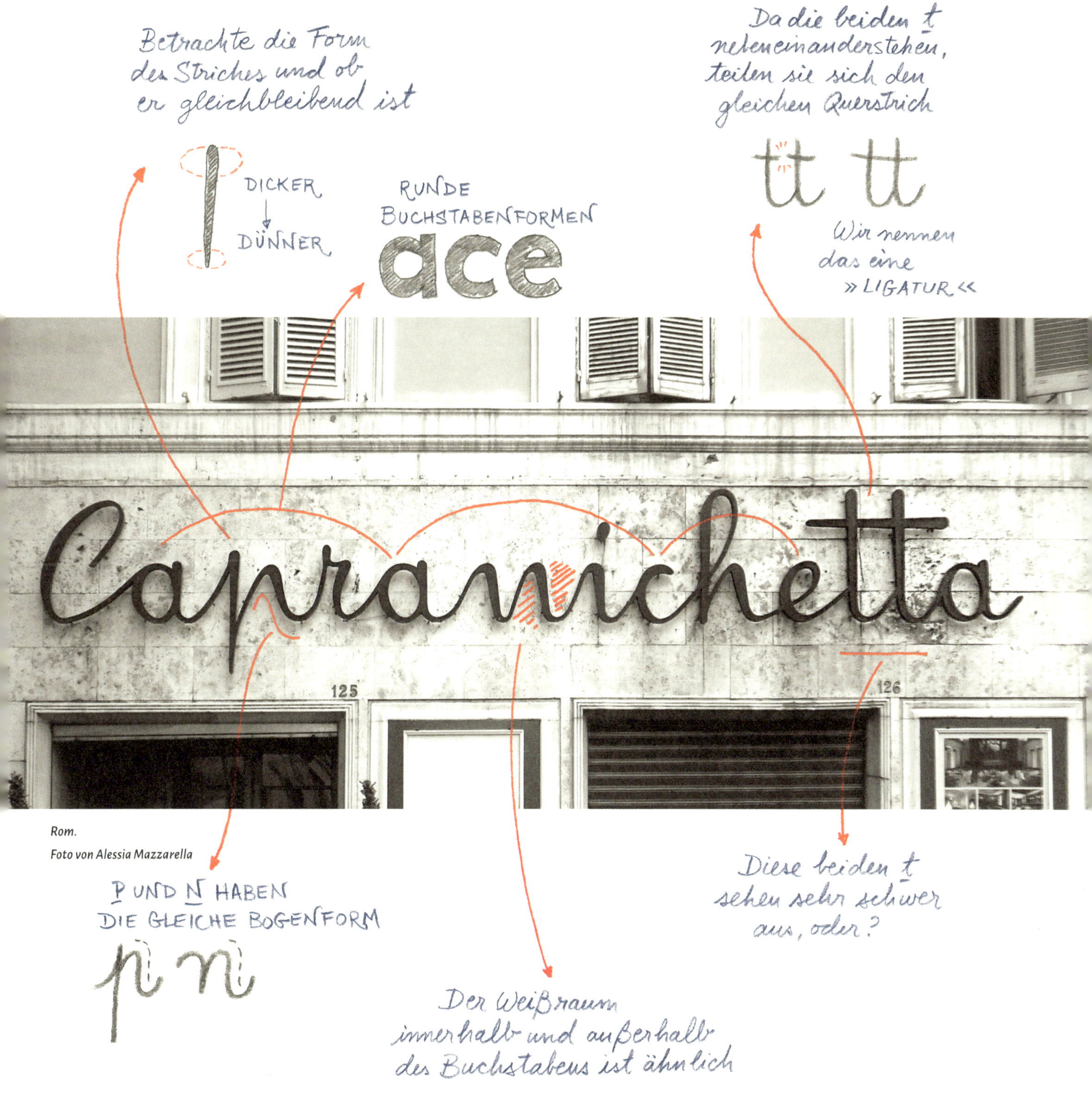
Betrachte die Form des Striches und ob er gleichbleibend ist
DICKER
DÜNNER
RUNDE BUCHSTABENFORMEN
ace
Da die beiden t nebeneinanderstehen, teilen sie sich den gleichen Querstrich
tt tt
Wir nennen das eine »LIGATUR«
Capranichetta
125
126
P UND N HABEN DIE GLEICHE BOGENFORM
p n
Der Weißraum innerhalb und außerhalb des Buchstabens ist ähnlich
Diese beiden t sehen sehr schwer aus, oder?

Rom.
Foto von Alessia Mazzarella

Ein halber Kreis

Das r ist auf dem halben Weg zum n

Wie das a, nur der Rücken ist länger!

a und d sind gute Freunde

Der Brillenladen

Berlin

Diese Buchstaben sind geometrisch konstruiert

Der Buchstabenabstand ist sehr eng

Wieder die runden Formen

ead

Wie viele Formen gibt es für ein kleines f?

f f f — UND SO WEITER

Oje, wo soll ich da anfangen…?

Die Großbuchstaben sind viel wilder als die Kleinbuchstaben

Das f und das r haben einen ähnlichen »Kringel«

Amsterdam

Die Strichabschlüsse sind ähnlich

R und B haben den gleichen Aufbau

Wie viele Möglichkeiten gibt es, ein d zu zeichnen?

Die Schäfte sind gerade abgeschnitten

Was für ein sonderbares r, oder? Es hat einen sehr ungewöhnlichen Abschluss

Sieht schick
aus, oder?

Es gibt aber echt
noch viel zu
verbessern!

Vergleiche zwei runde Formen
miteinander

(Das e ist auch
extrem breit)

Die Grundformen
unterscheiden sich.
Komisch...

Barcelona

Das u ist extrem
breit

Alle Buchstaben haben
die gleiche Neigung. Schön!

Hier überlappen
sich drei Striche,
es entsteht ein dunkler
Fleck

Die Strichstärke
ist gleichbleibend

↑

»Wurst-Lettering«

cae

Alle runden Buchstaben
haben eine Formverwandtschaft

Berlin

Die »Augen« des l
und e sehen sehr
ähnlich aus

Die Buchstaben sind
wie bei einer Schreibschrift
miteinander verbunden

Verwandte Formen

Das r ist schwer
zu lesen, oder?
Kennst du noch andere
Formen für ein r?

r r r

ANFANGSSTRICH

Alle Buchstaben sind verbunden, bis auf diese beiden. Warum?

Diese scharfen Kanten wiederholen sich

ENDSTRICH

Kosmetik

Berlin

Die Strichenden beziehen sich aufeinander

Die Buchstaben haben eine gleichbleibende Neigung

Betrachte das e und das k. Sie haben das gleiche Auge

Diese Formen haben das gleiche Gewicht

AUGE

1.

2.

3.

1. Barcelona.
   Foto von @laurameseguer
2. Amsterdam.
   Foto von @retypefoundry
3. Zilina, Slowakei.
   Foto von @typeatlas

4.

5.

6.

4. Prag.
   Foto von @typeatlas
5. Paris.
   Foto von @typofonderie
6. Barcelona.
   Foto von @martinaflor

7.

8.

9.

7. London.
   Foto von @martinaflor
8. Berlin.
   Foto von @martinaflor
9. Autobeschriftung.
   Foto von @stewf
10. Berlin.
    Foto von @martinaflor
11. Paris.
    Foto von @typofonderie

10.

11.

Bist du auf Instagram?
Dann schau unter
#goldensecretsoflettering,
um noch mehr Beispiele zu finden

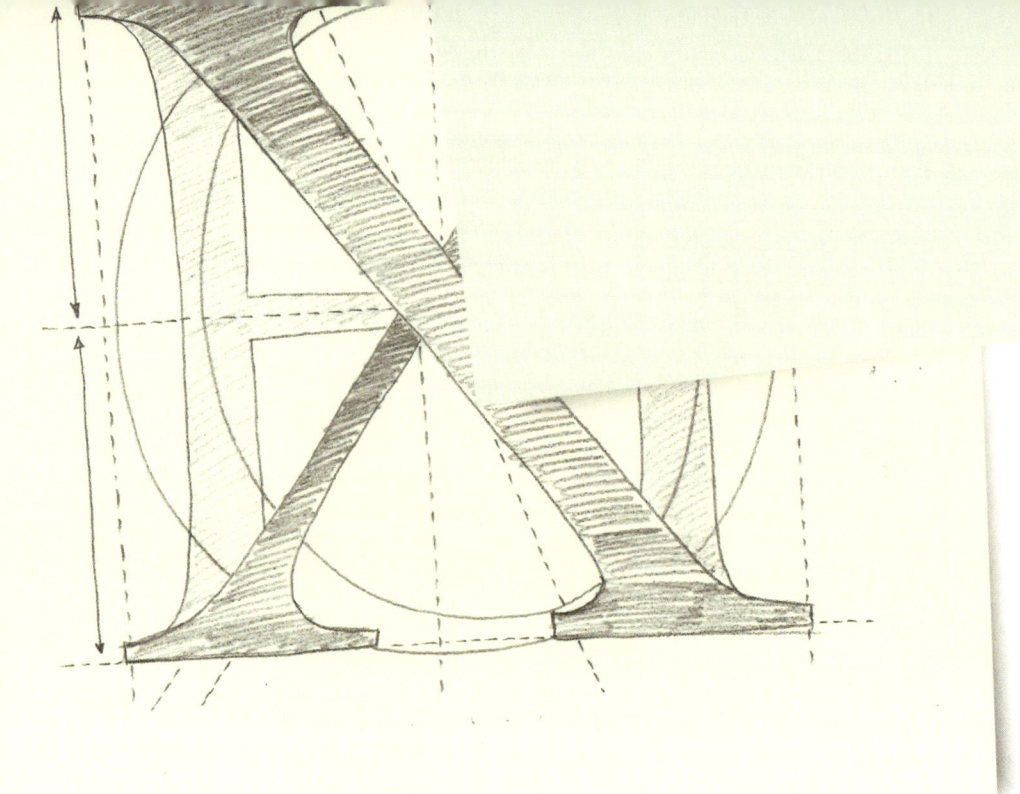

Kapitel 3

- ▸ Fachbegriffe
- ▸ Grundformen   VERSALIEN & KLEINBUCHSTABEN
- ▸ Optischer Ausgleich
- ▸ Spacing  HIER!

- ▸ Strichstärke und Kontrast
- ▸ Ziffern und Zahlen 23
- ▸ Satzzeichen

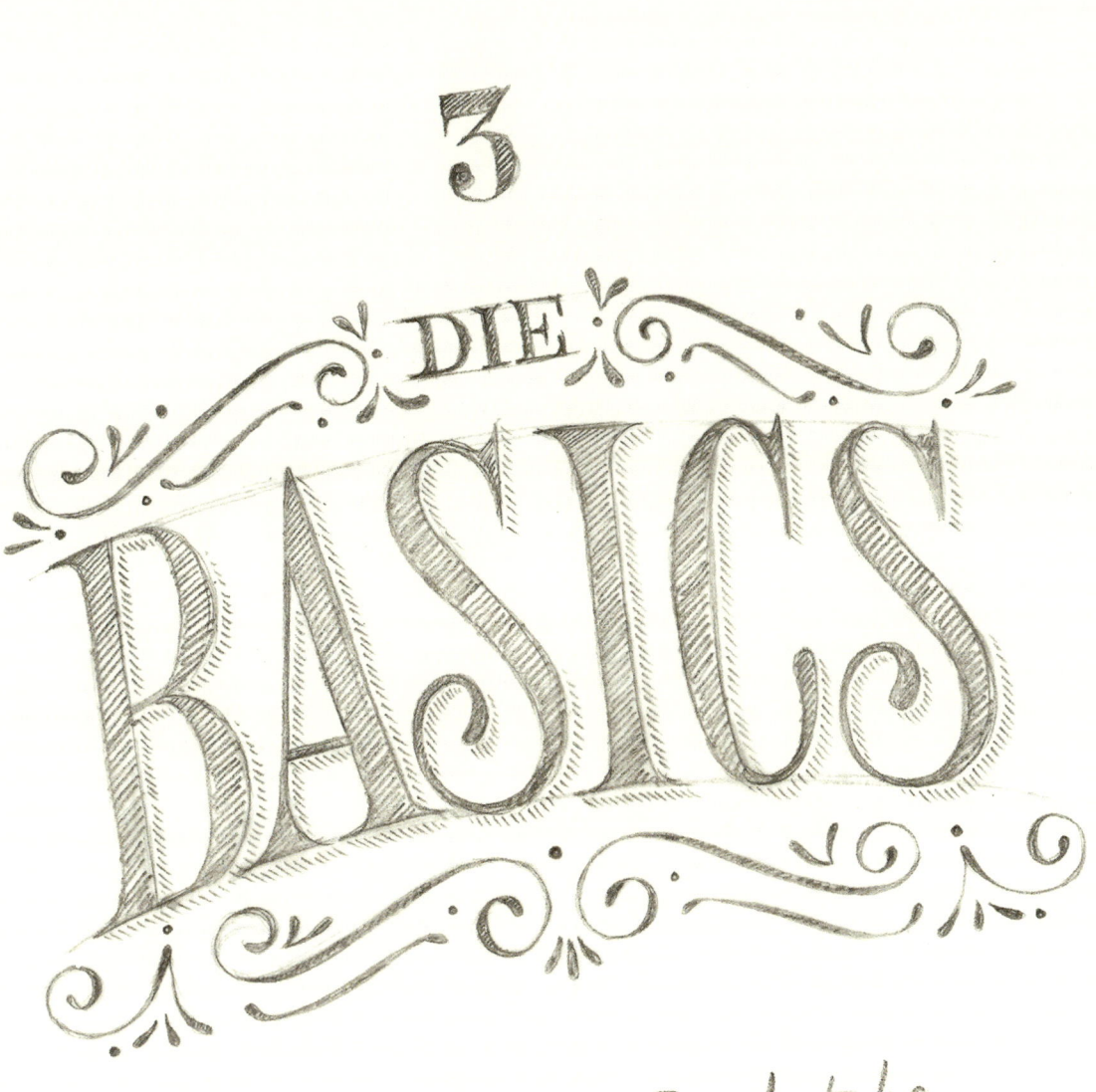

Von der DNA der Buchstaben

Die wichtigsten Fachbegriffe

Bei der Arbeit mit Buchstaben ist es notwendig, eine gemeinsame Sprache mit spezifischen Fachausdrücken zu verwenden. Wir werden also nicht von den »Füßchen an den Buchstaben« sprechen, sondern von »Serifen«, und auch nicht von der »runden Kugel, die am a dranhängt«, sondern von einem »Tropfen«.

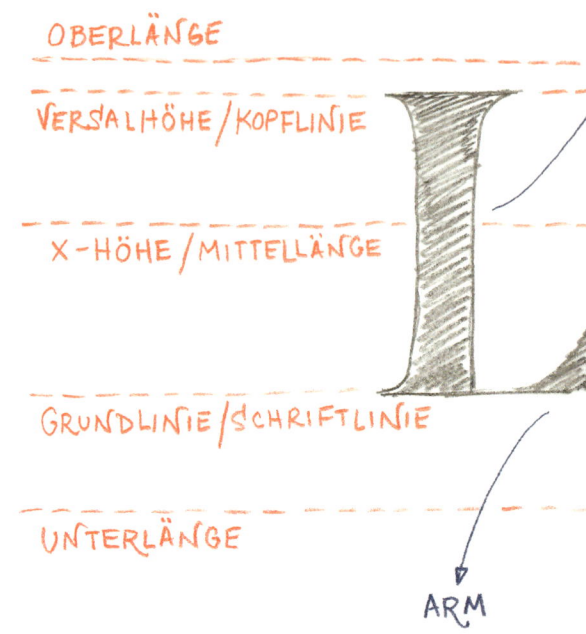

OBERLÄNGE

VERSALHÖHE / KOPFLINIE

X-HÖHE / MITTELLÄNGE

GRUNDLINIE / SCHRIFTLINIE

UNTERLÄNGE

ARM

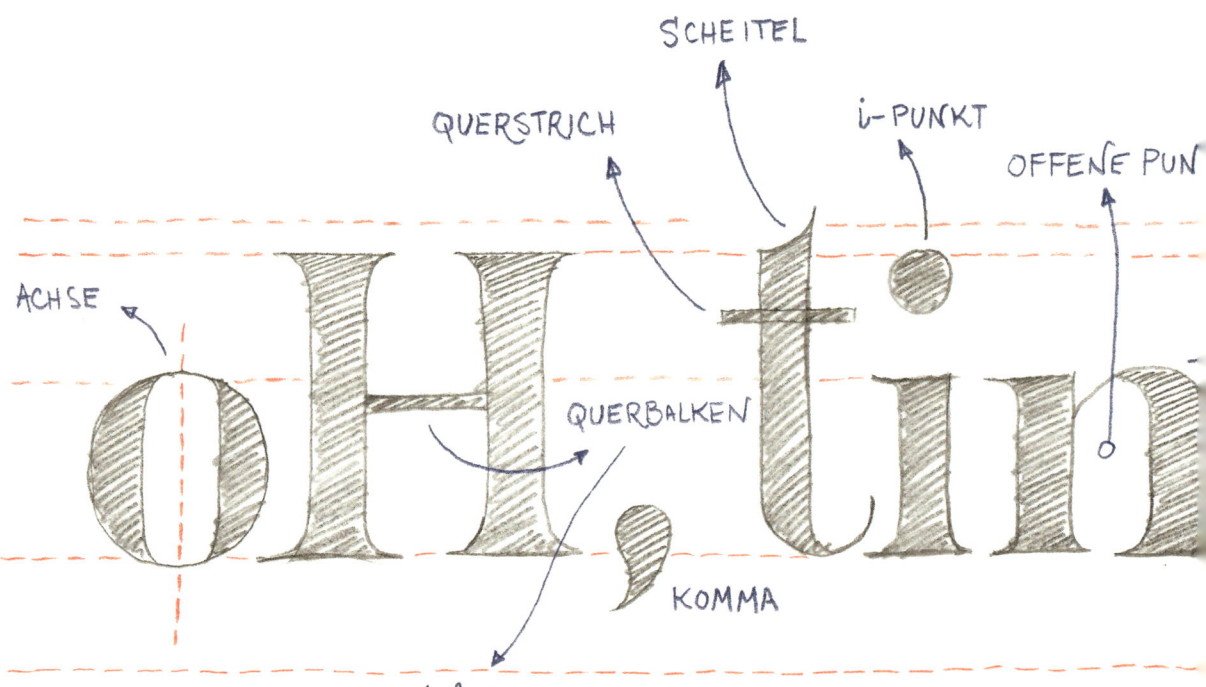

SCHEITEL

QUERSTRICH

i-PUNKT

OFFENE PUN

ACHSE

QUERBALKEN

KOMMA

auch beim...

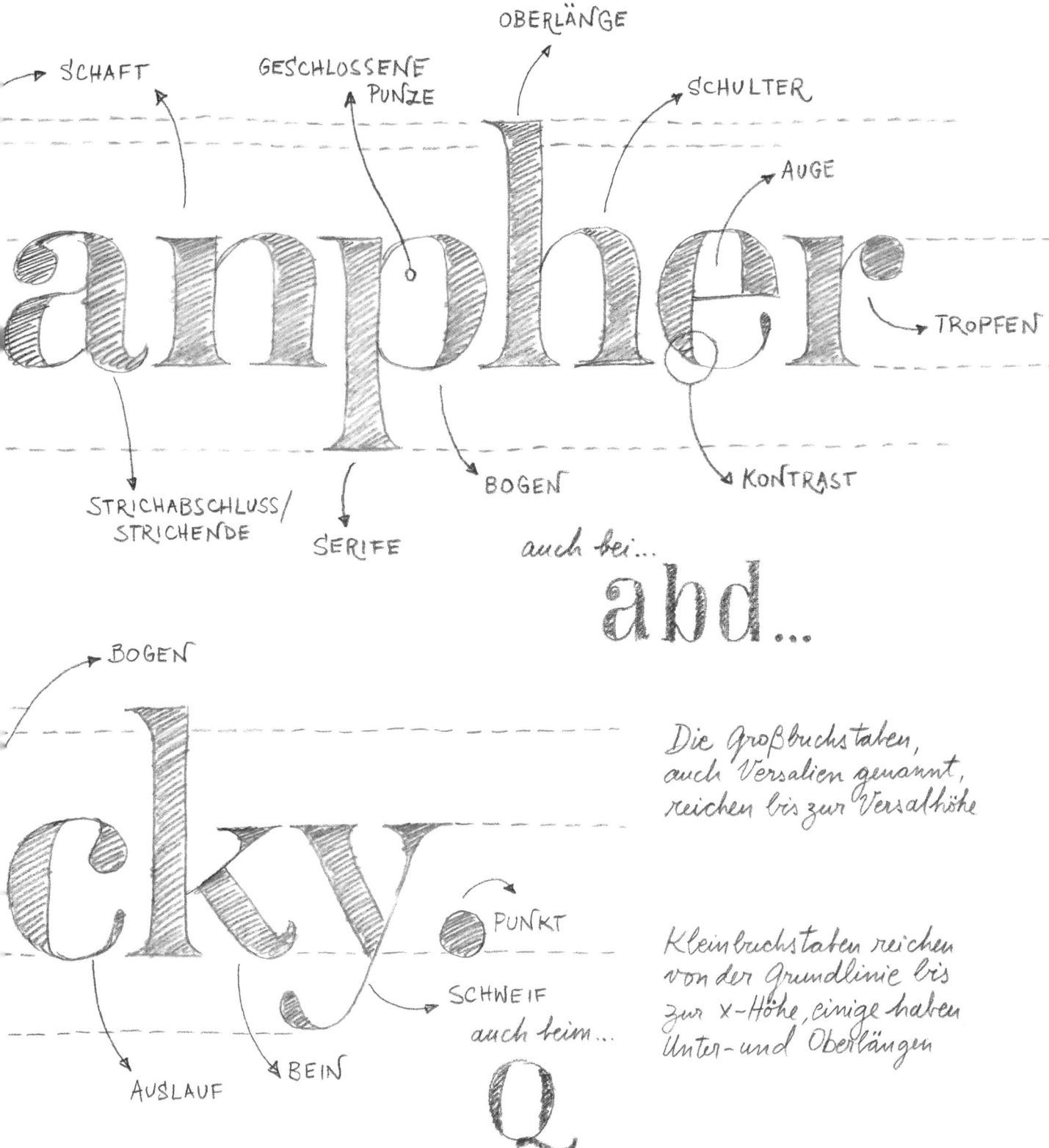

SCHAFT

GESCHLOSSENE PUNZE

OBERLÄNGE

SCHULTER

AUGE

TROPFEN

STRICHABSCHLUSS/ STRICHENDE

SERIFE

BOGEN

KONTRAST

auch bei...

abd...

BOGEN

PUNKT

SCHWEIF

auch beim...

Q

AUSLAUF

BEIN

Die Großbuchstaben, auch Versalien genannt, reichen bis zur Versalhöhe

Kleinbuchstaben reichen von der Grundlinie bis zur x-Höhe, einige haben Unter- und Oberlängen

Auf dieser Seite findest du weitere Begriffe, die im Lettering oft verwendet werden. Es ist nur eine kleine, unvollständige Sammlung—es gibt natürlich noch viel mehr!

BUCHSTABENABSTAND
Der Raum zwischen zwei Buchstaben

WORTABSTAND
Der Abstand zwischen zwei Wörtern in horizontaler Richtung

ZEILENABSTAND
Der Raum zwischen zwei Grundlinien in vertikaler Richtung

SEHR BREIT   SEHR SCHMAL

BREITE Wie breit die Buchstaben sind

SEHR FETT   SEHR DÜNN

STRICHSTÄRKE Wie dick die Buchstaben sind

SCHNÖRKEL
Schwungbuchstaben,
die wild und spielerisch
werden. Sie können
auch unabhängig von
dem Buchstaben
sein

SCHWUNGBUCHSTABEN

GESCHWUNGENE
VERSALIEN

GESCHWUNGENE
KLEINBUCHSTABEN

SCHATTIERT
(ODER DREIDIMENSIONAL)

SCHATTEN

SCHABLONE

OUTLINE

INLINE

PRÄGUNG

UND VIELE
MEHR....

APEX/SCHEITEL

BALLFÖRMIGER
STRICHABSCHLUSS

TROPFENFÖRMIGER
STRICHABSCHLUSS

LIGATUREN
Zwei oder mehr Buchstaben werden verbunden. Manchmal entsteht dabei sogar ein neues Zeichen

st ffi

f s → ß

Ligatur

ET-ZEICHEN
Eine Ligatur zwischen E und T. »Et« bedeutet auf Lateinisch »und«

(+)   (−)

NEIGUNG Der Grad der Neigung der Buchstaben

DIAKRITISCHE ZEICHEN ODER DIAKRITIKA

Kleine Zeichen, die an den Buchstaben angebracht sind und je nach Sprache eine abweichende Aussprache oder Betonung anzeigen

AKUT   TREMA   KREIS'   CEDILLE

á ê ö ù å õ ç ø

ZIRKUMFLEX   GRAVIS   TILDE

SCHRÄGSTRICH

KURSIVE
BUCHSTABEN

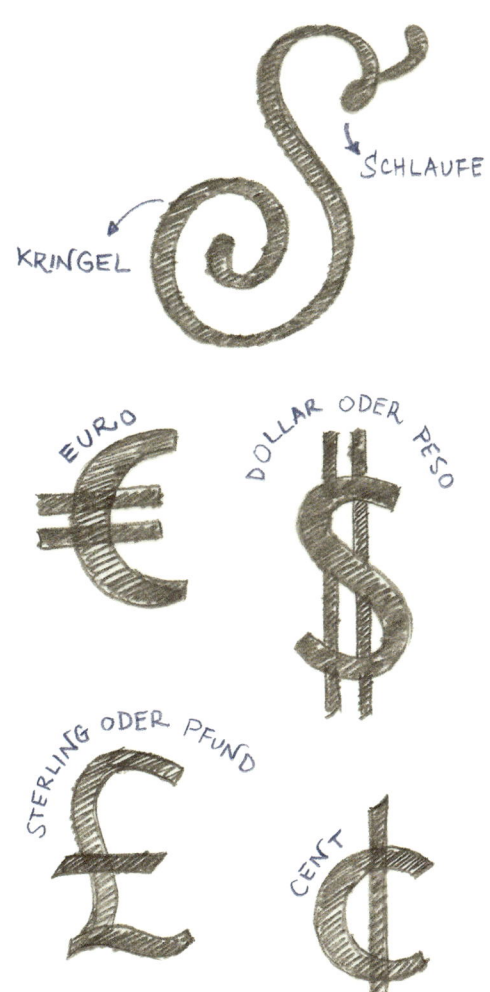

an

VERBUNDENE
BUCHSTABEN

an

(SCHREIBSCHRIFT)

SCHLAUFE

KRINGEL

EURO

DOLLAR ODER PESO

STERLING ODER PFUND

CENT

SCHRIFTSYSTEME LATIN
UND NON-LATIN

Es gibt natürlich viele andere Schriftsysteme,
die Zeichenprinzipien der Buchstaben
variieren entsprechend.

Andere, sogenannte Non-Latin-Schriftsysteme
haben auch unterschiedliche Schreibrichtungen.
Die Japaner beispielsweise schreiben von
oben nach unten und die arabische Schrift
verläuft von rechts nach links

Latin

Damit werden wir
in diesem Buch
arbeiten

SCHREIBRICHTUNG →

Der Inhalt dieses Buches bezieht sich
ausschließlich auf die lateinische
Schrift. Trotzdem können viele der beschrie-
benen Lettering-Prinzipien auch auf
Griechisch, Kyrillisch oder andere
Schriftsysteme angewendet werden

← SCHREIBRICHTUNG

SCHREIBRICHTUNG

Das auf den römischen
Buchstaben basierende
Schriftsystem ist das
weltweit am meisten
genutzte

Grundformen der Versalien

Wie wir in unserer »typografischen Safari« des letzten Kapitels gesehen haben, gibt es bestimmte Grundformen, die wir in den Buchstaben entdecken können. Das Finden der »Mutter-Formen« ermöglicht uns, weitere »Schwester-Formen« zu sehen und sie dann nach den gleichen Kriterien und gemeinsamen Charakteristika zu gestalten. Wir suchen nach dem genetischen Material der Formen, wir entdecken die DNA der Buchstaben.

Unser Alphabet basiert auf drei Grundformen: Rechteck, Kreis und Dreieck. Wir können diesen Formen schnell und intuitiv bestimmte Buchstaben zuordnen, beispielsweise das H und das I zum Rechteck, das O und das C zum Kreis und das A und V zum Dreieck.

Einige Buchstaben enthalten Charakteristika aus zwei Grundformen. Um mit ihnen zu arbeiten, muss ich die DNA beider Formen benutzen. Sobald ich weiß, wie das O und das H geformt sind, wird klar, wie ein runder und ein gerader Strich aussehen. Dann fällt es leicht, die Formen für D, G, P und B zu zeichnen. Und sobald ich weiß, wie das A aussieht, habe ich ein Bild davon, wie ein diagonaler Strich aussieht, und kann das K, das X, das V und das W in mein Formen-Universum zeichnen.

Die Kenntnis über die Grundformen heißt nicht, dass ich sie kombinieren kann, als wären sie Legosteine. Jeder Buchstabe braucht eine individuelle Anpassung, kein Bogen und kein Strich gleicht haargenau dem anderen.

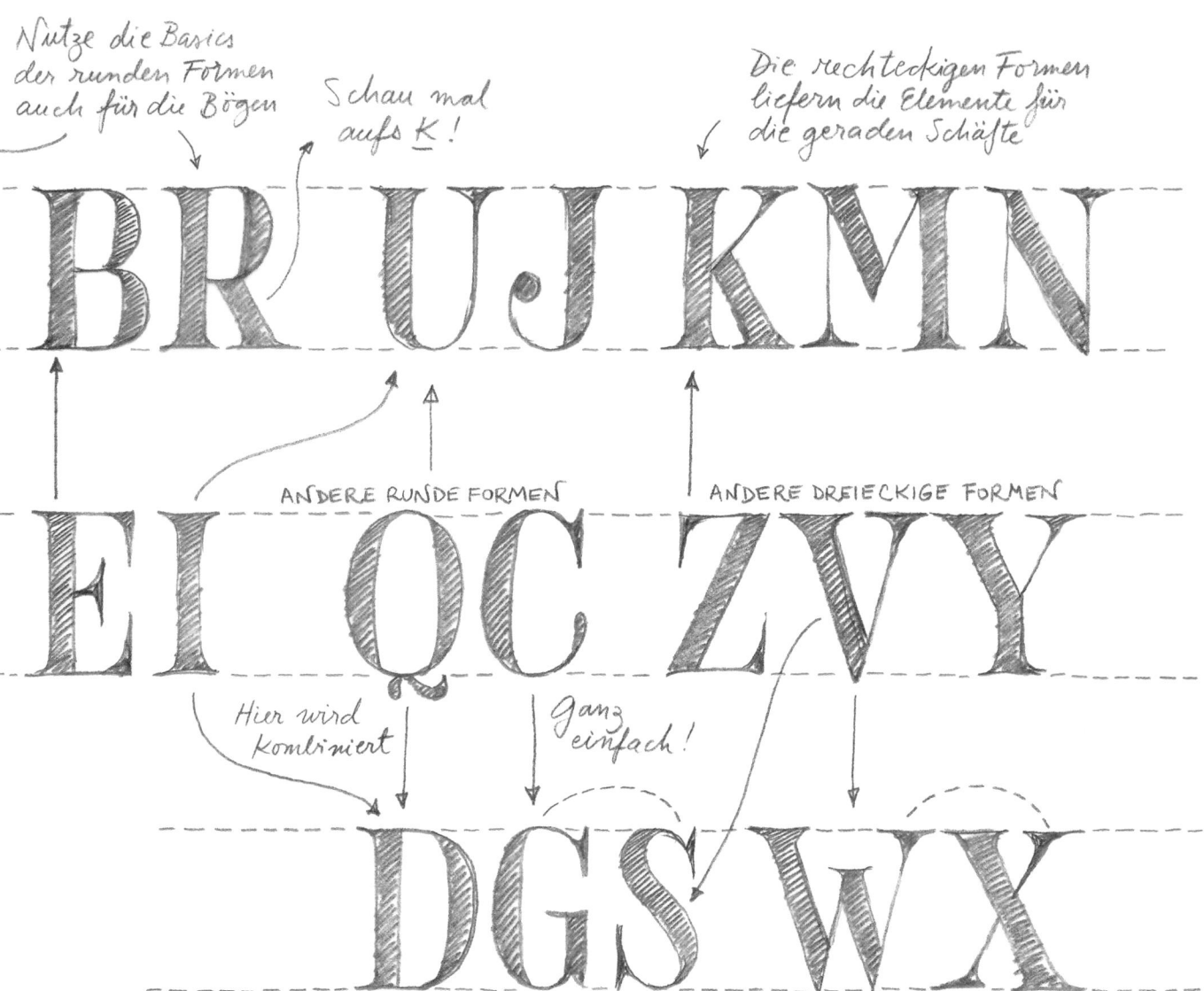

Nutze die Basics
der runden Formen
auch für die Bögen

Schau mal
aufs K !

Die rechteckigen Formen
liefern die Elemente für
die geraden Schäfte

BR UJ KMN

ANDERE RUNDE FORMEN   ANDERE DREIECKIGE FORMEN

EI QC ZVY

Hier wird
Kombiniert

ganz
einfach!

DGS WX

Beim Gestalten von Buchstaben formen wir ein Bild von unserer Sprache, deswegen sollten wir immer ganze Wörter und Sätze gestalten. Es geht nicht darum, individuelle Buchstaben zu zeichnen, die dann nebeneinandergesetzt ein Wort ergeben. Zeichnest du einen Buchstaben für sich allein, wird er seltsam aussehen, sobald du ihn wieder in den Kontext des ganzen Wortes setzt.

Buchstaben müssen in Beziehung zueinander gestaltet werden. Das heißt, nicht nur die Formen selbst, sondern auch der Weißraum, also der Raum innerhalb und zwischen den Buchstaben, muss aufeinander abgestimmt werden.

Grundformen der Kleinbuchstaben

Bei den Kleinbuchstaben verfolgen wir das gleiche Prinzip wie bei den Großbuchstaben, jedoch mit einem Unterschied: wir arbeiten diesmal mit Ober- und Unterlängen. Wieder entdecken wir die »Mutter-Formen« und verwenden ihre DNA, um weitere »Schwester-Formen« zu zeichnen.

Verbindung

Wie das _n_, nur länger

Genau wie ein doppeltes _n_, nur etwas schmaler

TIPP: Versalien haben normalerweise eine etwas breitere Strichstärke als die Kleinbuchstaben. Warum? Die Versalien sind größer und haben mehr Weißraum, durch die breiteren Striche wird dieser Unterschied wieder ausgeglichen

Ähnlich wie das d, aber spiegelverkehrt

Die Verwandtschaft zwischen dem c und dem f

DAS IST EINFACH

Diese Formen sind befreundet

Schau dir das v an, dort findest du die Informationen für diese beiden

Auf Grundlage der Form des o, aber nicht ganz!

Die beiden gibt es auch mit zwei Stockwerken!

Die Grundform ist das o

Entwerfe diese drei gemeinsam

Die Betonung liegt auf der Diagonalen

Optischer Ausgleich

Wenn wir über Grundformen und Geometrie sprechen, scheint das zunächst sehr mathematisch. Lettering hat jedoch damit wenig zu tun. Wir werden nicht mit Maßeinheiten und Werten arbeiten, sondern mit unserem eigenen optischen Wahrnehmungsvermögen. Das heißt, die mathematische Präzision ist weitaus weniger wichtig als der optische Eindruck: es muss gut aussehen.

Die drei geometrischen Grundformen aus dem letzten Kapitel. Wir geben ihnen die gleiche Größe und setzen sie auf die gleiche Grundlinie. Die Formen haben jetzt rechnerisch die gleiche Breite und Höhe, trotzdem sieht der Kreis kleiner aus als das Quadrat und das Dreieck sogar noch kleiner, oder?

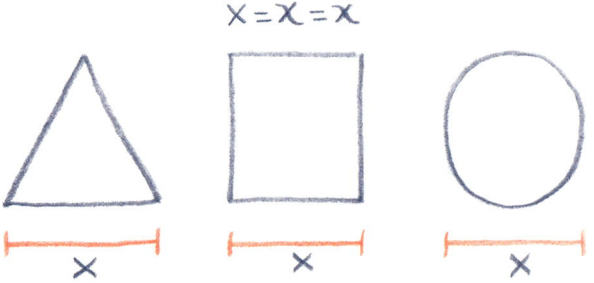

Rechteckige Formen haben eine klarere Beziehung zur Grund- und Kopflinie, sie berühren die Hilfslinien jeweils über eine ganze Kantenlänge. Der Kreis und das Dreieck hingegen berühren die Linien nur mit einem kleinen Teil ihrer Form.

Um sie also gleich groß aussehen zu lassen, braucht es einen optischen Ausgleich. Der Kreis muss ein bisschen größer sein und leicht über die Grund- und Kopflinie hinausreichen. Etwas Ähnliches muss mit dem Dreieck passieren: es muss leicht über die Versalhöhe ragen, um visuell auf gleicher Höhe mit den anderen Formen zu sein.

Wenn wir dieses Prinzip auf unsere Buchstaben übertragen, ragt das O genauso wie das A etwas über die Hilfslinien hinaus. Dieses Prinzip betrifft alle weiteren Buchstaben mit der gleichen Grundform.

Doch wie groß muss dieser Überhang sein? Nun, genau so viel, dass es gut aussieht. Und das variiert mit jeder Buchstabenform, an der du arbeitest. Es gibt keine einheitliche Regel, du musst hier mit deinem wertvollsten Werkzeug arbeiten: deinen Augen. Spätestens in diesem Moment kannst du dein Lineal weglegen – du wirst es nicht mehr benötigen.

nein!

ÜBERHANG

Ja!

Gestalte nicht mathematisch, sondern optisch!

Beim Entwerfen von Buchstaben gibt es noch weitere Problemstellen, bei denen der optische Ausgleich wichtig ist. So beispielsweise beim Punkt des i oder des Ausrufezeichens. Der Punkt mit seiner runden Form muss einen kleinen Überhang im Vergleich zum Schaft haben, damit er optisch die gleiche Breite hat.

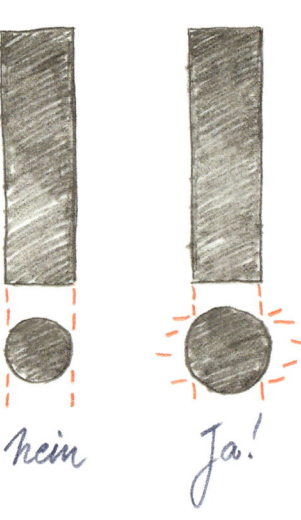

Auch beim Zeichnen von Kurven und Bögen ist der optische Ausgleich wichtig. Sie müssen etwas breiter sein als die vertikalen Schäfte, um optisch zusammenzupassen.

Wann ist der Überhang groß genug? Wenn es gut aussieht!

X < Y Die runden Formen sind breiter

Wir können also feststellen, dass das Zeichnen von
Buchstaben trotz geometrischer Elemente keine
konstruktive Aufgabe ist. Alle Elemente benötigen
die optische Anpassung an ihre Umgebung.

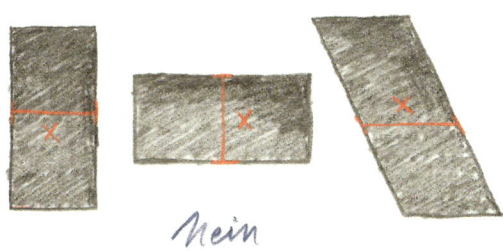

Nein

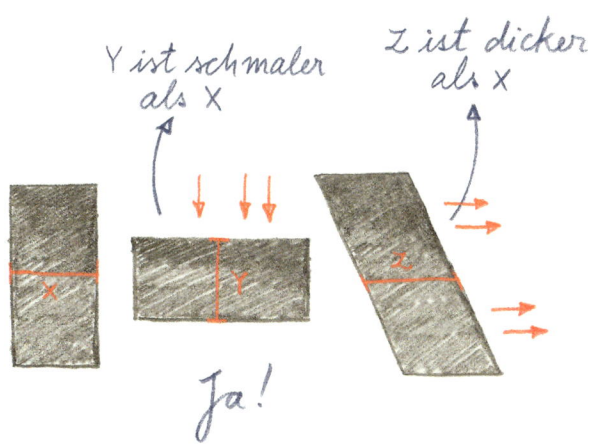

Y ist schmaler
als X

Z ist dicker
als X

Ja!

Sogar beim Versuch, eine Form geometrisch exakt
aussehen zu lassen, braucht es den Trick des optischen
Ausgleichs. Es verbleibt immer ein kleiner Kontrast
in der Strichstärke.

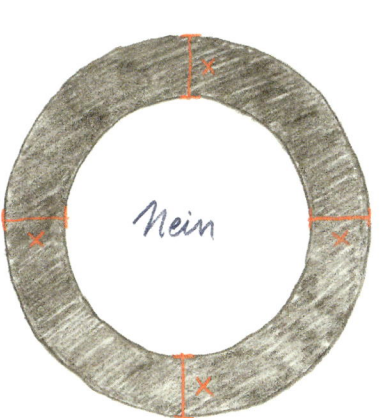

Nein

Dieses O soll wie ein
perfekter Ring aussehen

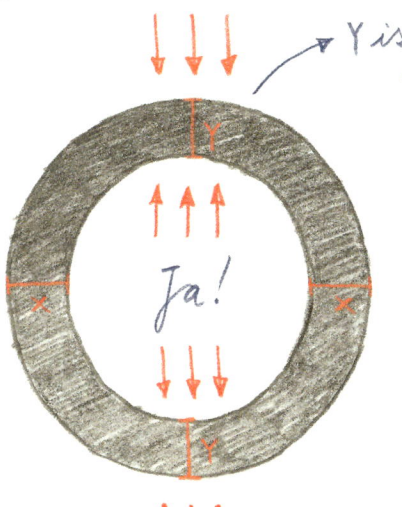

Ja!

Y ist schmaler
als X

Auch für eine
geometrisch
perfekte Optik
muss die Strichstärke
angepasst werden

Spacing

Den horizontalen Abstand zwischen den Buchstaben nennen wir Buchstabenabstand oder »spacing«.

Beim Lettering ist der Buchstabenabstand genauso wichtig wie die Buchstaben selbst. Er signalisiert uns, dass ein Buchstabe aufhört und ein anderer anfängt und er beinflusst unsere Wahrnehmung vom Buchstaben und vom ganzen Wort. Denn ein zu weit oder zu eng gezeichnetes Wort bewirkt eine Änderung des Grauwertes und hat Einfluss auf seine Lesbarkeit.

GRAUWERT:
Die gesamte
Farbe eines
Wortes

Die goldene Regel für einen richtigen Wortabstand lässt sich in diese Formel fassen:

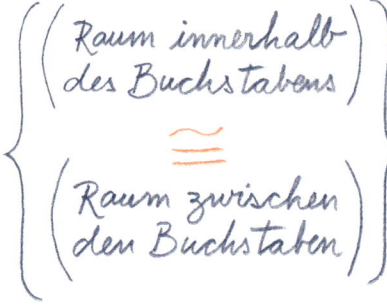

Wenn der Raum innerhalb des Buchstabens mit Wasser gefüllt wäre, sollte die gleiche Menge Wasser auch zwischen die Buchstaben passen.

Mit diesem Prinzip wird es einfacher, den richtigen Abstand für jegliche Buchstabenform zu finden, die wir entwerfen. Wenn die Buchstaben breit sind, ist ihr Innenraum größer und sie brauchen entsprechend mehr Platz zwischen den Buchstaben. Wenn andererseits die Buchstaben schmal sind, wird die Wassermenge entsprechend weniger und wir brauchen auch weniger Platz beim Buchstabenabstand.

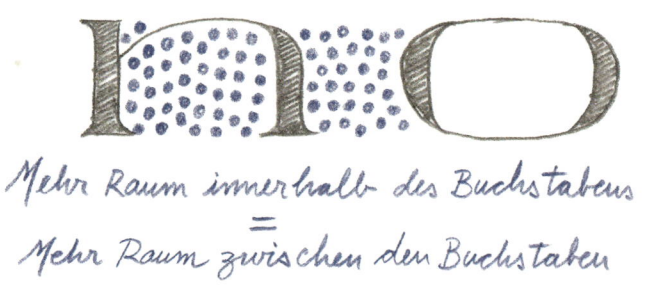

Mehr Raum innerhalb des Buchstabens =
Mehr Raum zwischen den Buchstaben

Weniger Raum innerhalb
des Buchstabens
=
Weniger Raum zwischen
den Buchstaben

Diese Formel kann noch von weiteren Variablen beeinflusst werden. Soll dein Lettering-Entwurf beispielsweise in großen Größen verwendet werden, sollten die Abstände etwas kleiner sein, und umgekehrt sollten bei kleinen Schriftgraden die Abstände etwas vergrößert werden. Wie vorher erwähnt, kannst du deinen Augen vertrauen, um den richtigen Abstand zu finden.

Die Buchstabenabstände erzeugen einen Rhythmus. Sie halten die Wörter zusammen und sind damit ein wichtiger Teil der Schrift. Sie sind Teil unseres Designprozesses und wir entwerfen sie nicht im Nachhinein, sondern zusammen mit den Buchstaben.

Der Wortabstand ist der optische Raum zwischen zwei Wörtern, auch er richtet sich nach der Schrift und dem Innenraum der Buchstaben.

HIER

Zeilenabstand nennt man den optischen Raum zwischen zwei Zeilen. Hier muss man immer auf Ober- und Unterlängen achten!

HIER

Schwierige Frage: Wo endet
der Raum innerhalb des
Buchstabens und wo fängt
der Buchstabenzwischenraum an?

Darum gestaltest du die
Formen und den Weißraum
gleichzeitig!

Strichstärke und Kontrast

Die Strichstärke beschreibt die Breite der vertikalen Elemente eines Buchstabens. Sie ist eng verbunden mit dem Buchstabenabstand, denn sie bestimmt die »Wassermenge« (oder den Weißraum), die in den Buchstaben hineinpasst, und damit auch den Abstand zwischen den Buchstaben.

Wollen wir die Strichstärke erhöhen, verbreitern wir alle Teile des Buchstabens. Je nachdem, ob wir alle Striche gleichmäßig behandeln oder an einigen Stellen mehr hinzufügen als an anderen, verändert sich dabei auch der Kontrast der Buchstaben.

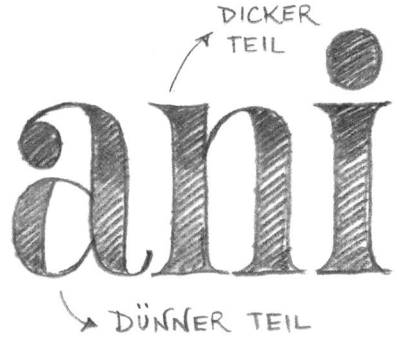

DICKER TEIL

DÜNNER TEIL

Je geringer der Strichstärkenunterschied zwischen dicken und dünnen Teilen desto geringer der Kontrast

Die dünnen Teile werden hier extrem verstärkt, die dicken Teile dagegen nur wenig – so reduziert sich der Kontrast

HOHER KONTRAST

Zu den dünnen Teilen wird mehr Substanz hinzugefügt als zu den dicken Teilen

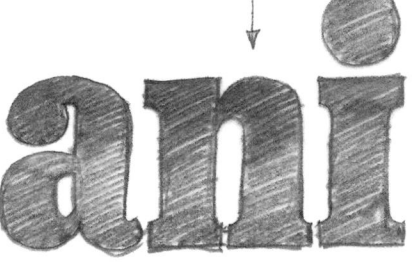

GERINGER KONTRAST

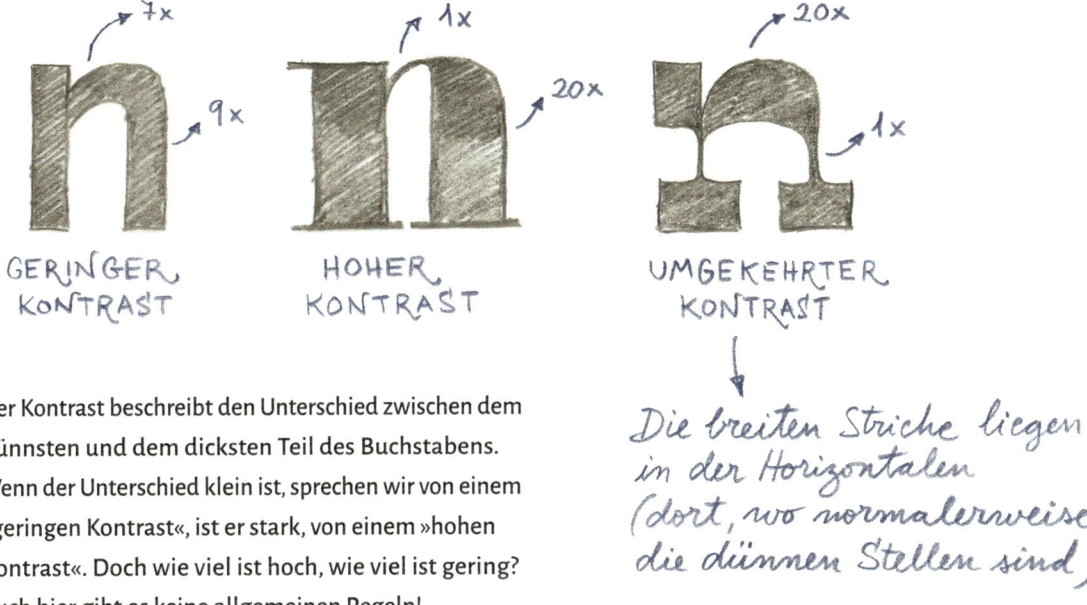

GERINGER
KONTRAST

HOHER
KONTRAST

UMGEKEHRTER
KONTRAST

Der Kontrast beschreibt den Unterschied zwischen dem dünnsten und dem dicksten Teil des Buchstabens. Wenn der Unterschied klein ist, sprechen wir von einem »geringen Kontrast«, ist er stark, von einem »hohen Kontrast«. Doch wie viel ist hoch, wie viel ist gering? Auch hier gibt es keine allgemeinen Regeln!

Die breiten Striche liegen in der Horizontalen (dort, wo normalerweise die dünnen Stellen sind)

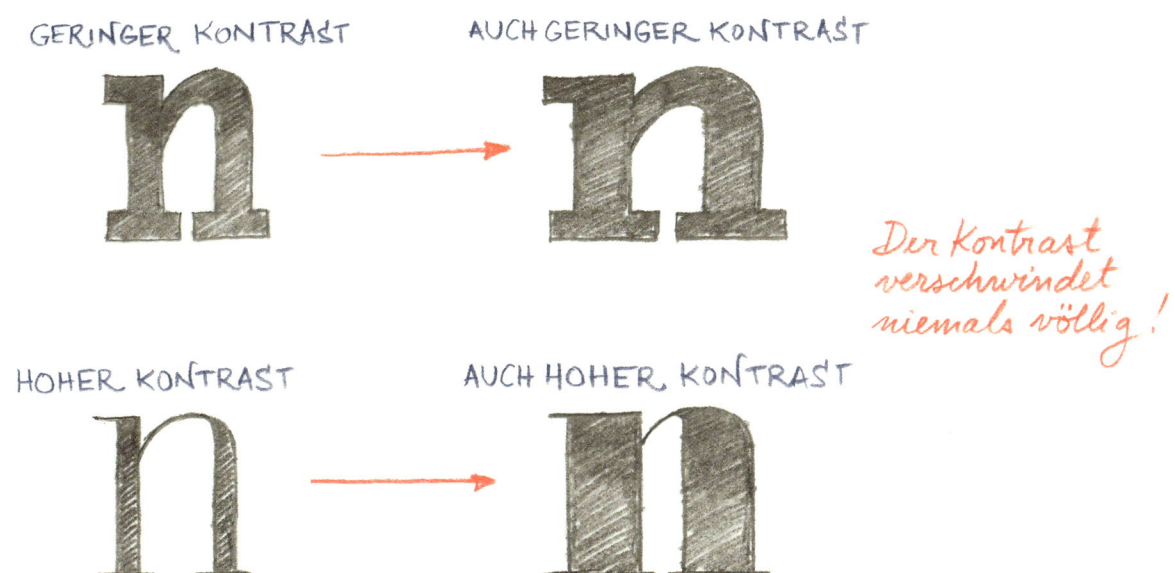

GERINGER KONTRAST

AUCH GERINGER KONTRAST

HOHER KONTRAST

AUCH HOHER KONTRAST

Der Kontrast verschwindet niemals völlig!

Ziffern

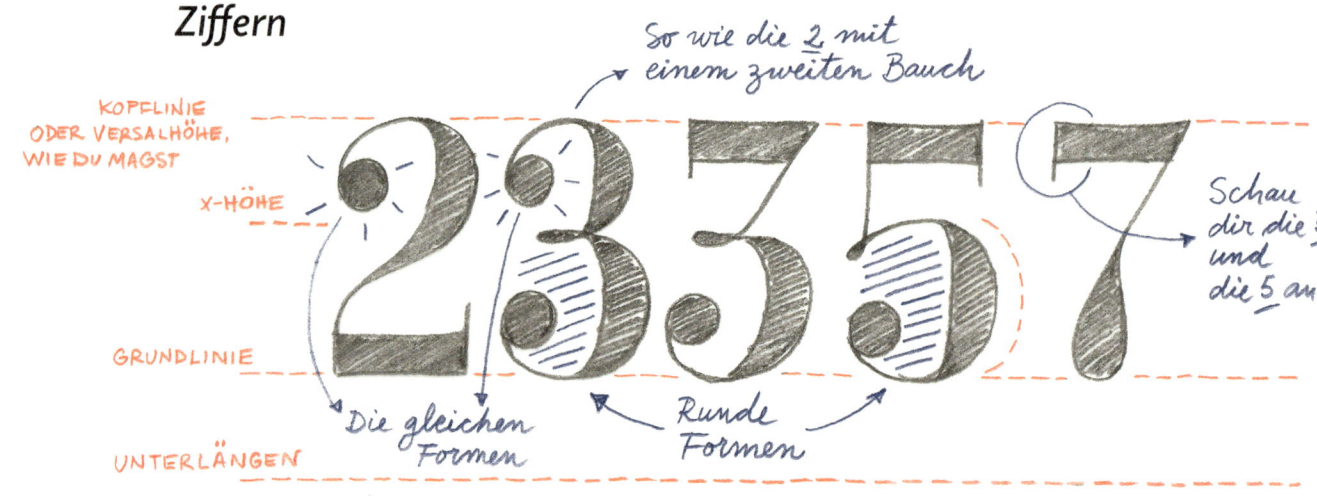

So wie die 2 mit einem zweiten Bauch

KOPFLINIE ODER VERSALHÖHE, WIE DU MAGST

X-HÖHE

Schau dir die 3 und die 5 an

GRUNDLINIE

UNTERLÄNGEN

Die gleichen Formen

Runde Formen

Ein bisschen wie eine 6, nur auf den Kopf gestellt...

Stell dir den Großbuchstaben O vor, nur schmaler

Vergleichbar mit dem S, die Betonung liegt auf der Diagonalen

SO NICHT

MANCHMAL SO

...es braucht aber eine optische Anpassung

Auf den ersten Blick nicht so viel Arbeit, aber...

Hier gibt es verschiedene Varianten

MEDIÄVALZIFFERN

no 1234567890

Speziell entworfene Ziffern, die zu Kleinbuchstaben passen (also Ober- und Unterlängen besitzen)

VERSALZIFFERN

NO 1234567890

Passen gut, wenn sie neben Großbuchstaben stehen

... und Satzzeichen

Interpunktionszeichen haben auch einen Überhang!

Ausgerichtet an den Versalien

KLAMMERN

Größer als der i-Punkt

PUNKT

Eine Erweiterung des Punktes

KOMMA

Ausgerichtet an der x-Höhe

DOPPELPUNKT

Doppelpunkt und Komma in einem

SEMIKOLON

Kleiner als der Punkt am Satzende

AUSLASSUNGS-PUNKTE

Etwas dünner als die normale Strichstärke

Kleiner als der normale Punkt

ANFÜHRUNGSZEICHEN

Endet unter der Grundlinie

Ähnlich wie ein Komma, nur kleiner und kopfüber

Das Sternchen hat 5 oder 6 Zacken

„Deutsch und Polnisch"

«Französisch und Spanisch»

An der x-Höhe ausgerichtet

GUILLEMETS

STERNCHEN ODER ASTERISK

Je nach Sprache werden unterschiedliche Anführungszeichen benutzt

Normalerweise auf der gleichen Höhe wie die Versalien

Wird als Gedankenstrich, Auslassungsstrich oder Aufzählungszeichen verwendet

KURZER STRICH ODER DIVIS

Wird im Deutschen kaum verwendet

¿¡

(ich brauche das für Spanisch!)

FRAGEZEICHEN

AUSRUFEZEICHEN

HALBGEVIERT-STRICH

GEVIERTSTRICH

Schau dir für die Gestaltung die 8 an

Wird als Trennstrich (z.B. bei Silbentrennung) oder Bindestrich verwendet (z.B. bei Julius-Otto-Str.)

Kapitel 4

▷ Kalligrafie

▷ Wechselstrich und
         Schwellstrich

 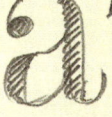

+ Übungen!

▷ Weitere Werkzeuge

||||

MM

MM

BRUSH
PEN

4

Werkzeuge

und ihre

Anwendung

Von Feder, Pinsel und anderen Tools

Die Kalligrafie als »Mutter aller Buchstabenformen«

Wir leben in einem Zeitalter, in dem das Vervielfältigen von Texten billig, wenn nicht sogar kostenlos ist. Daher sind Bücher heute Massenware und für jedermann verfügbar.

Im Mittelalter, als Bücher noch handschriftlich von ausgebildeten Schreibern kopiert, also abgeschrieben wurden, war dies unvorstellbar. Entsprechend der mühevollen und zeitintensiven Arbeit waren Bücher selten und höchst wertvoll, sodass nur wenige glückliche (und reiche) Menschen Zugang zu Büchern hatten.

In dieser Zeit war das Mittel für die Textreproduktion die Kalligrafie. Noch heute sind die Struktur und Formen unserer Buchstaben von der Kalligrafie geprägt. Deswegen hilft es dem Lettering-Designer, die Kunst der Kalligrafie zu verstehen und ihre Werkzeuge kennenzulernen. Nur so kann ein tiefes Verständnis für die Formen unseres Alphabets entstehen und wir können individuelle Lösungen für unsere eigenen Arbeiten entwickeln.

Es gibt zwei Hauptgruppen kalligrafischer Werkzeuge: Zum einen die Bandzugfeder und alle verwandten breiten Schreibwerkzeuge, zum anderen die Spitzfeder bzw. alle spitz zulaufenden Schreibgeräte. Sie unterscheiden sich durch ihre Form, aber auch durch ihre Elastizität. Eine Bandzugfeder bewirkt durch den Schreibwinkel einen gleichmäßigen Strichstärkenwechsel, während sich eine Spitzfeder beim Schreiben durch den Druck der Hand spreizt und so die Strichstärke beeinflusst. In Winkel und Druck liegen die Hauptunterschiede der Anwendung der beiden Werkzeugarten.

Auch wenn wir an dieser Stelle nicht über alle kalligrafischen Schreibwerkzeuge sprechen können, wollen wir versuchen, ein Verständnis für die Logik zu entwickeln, die hinter jeder Gruppe steht.

Wie bereits erwähnt ist Kalligrafie nicht gleichzusetzen mit Lettering. Trotzdem ist das Verständnis und die Übung von der »Kunst des schönen Schreibens« ein großer Schritt hin zum eigenen Lettering-Kunstwerk. Ein guter Lettering-Designer hat immer ein Kalligrafie-Werkzeug-Set griffbereit.

Unsere kalligrafische Grundausstattung:

gutes Schreibpapier. Kein normales Kopierpapier,
sondern speziell für Federn geeignetes Papier

Lineal und Bleistift für Hilfslinien

Füllfederhalter (mit Spitz- und Bandzugfeder)
oder kalligrafische Faserstifte funktionieren auch

Kalligrafie-Tinte

WERDEN HIER HINEINGESTECKT

Kalligrafische Tinte
ist etwas zähflüssiger
als normale Schreibtinte.
Sie haftet besser in der
Feder und lässt sich
gut kontrollieren

SPITZFEDERN
(elastisch)

BANDZUGFEDERN
(steif)

Wechselstrich

Die Strichstärke hängt von der Schreibrichtung ab, aber auch vom Winkel, in dem die Feder gehalten wird

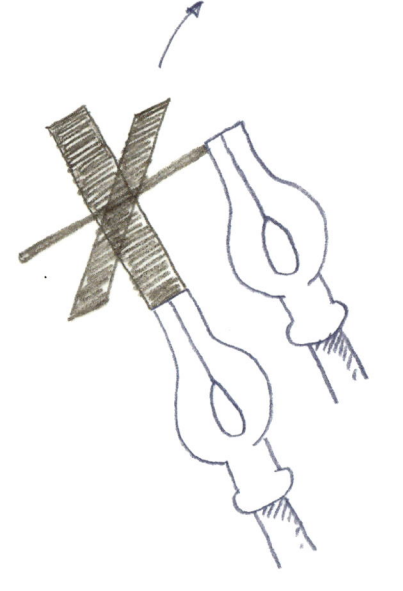

Mit der Bandzugfeder werden die Buchstaben in einer Abwärts- und/oder Seitwärtsbewegung gezogen. Das Schreibgerät wird in einem bestimmten Winkel angesetzt, der beim Schreiben beibehalten wird. Die gebräuchlichsten Winkel sind 30 oder 45 Grad. Durch die gleichbleibende Haltung des Werkzeugs entsteht je nach Zugrichtung eine charakteristische Änderung der Strichstärke, der sogenannte Wechselstrich. Beim Schreiben bewegt sich die Hand mit gleichmäßigem Druck von oben nach unten und von links nach rechts.

Die Proportionen der Buchstaben werden stets von der Federbreite im Verhältnis zur x-Höhe bestimmt und hängen vom jeweiligen Schriftmuster ab. Um mit der Federbreite arbeiten zu können, hältst du die Feder im 90-Grad-Winkel und ziehst ein kleines Quadrat. Diese Federbreite dient als Maßeinheit für die Proportionen in der Kalligrafie.

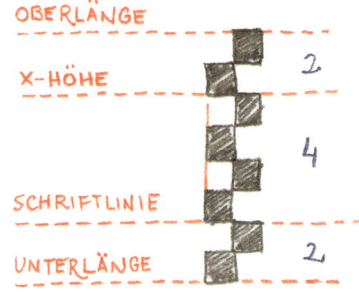

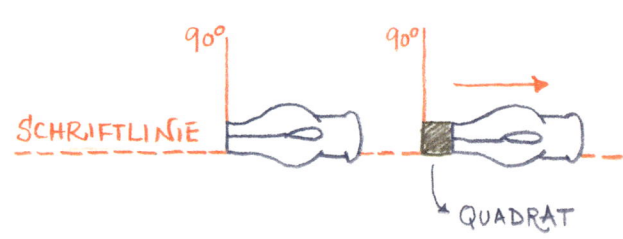

Weitere Werkzeuge
dieser Gruppe

BANDZUGFEDER

PARALLEL PEN

FLACHPINSEL

AUTOMATIC PEN

PLAKATFEDER

Lettera Libero Happiness

Bandzug-Kalligrafie
von Giuseppe Salerno

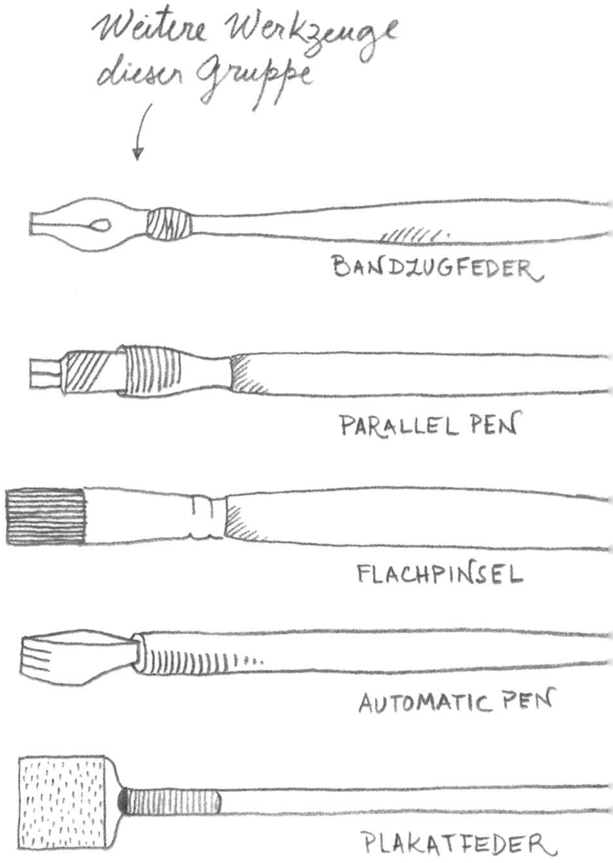

Die Bandzug-Werkzeuge können vielseitig eingesetzt
werden. Wir können damit nach historischen Vorbildern
schreiben, geometrische Formen entwickeln und sogar
im Freestyle mit ausdrucksstärkeren Strichen arbeiten.
Behalte während des Schreibprozesses immer das
Prinzip der Bandzugfeder im Kopf: Belasse die Feder in
einem festen Winkel und ziehe sie in Schreibrichtung.

Wir sehen hier ein einfaches Schriftmuster für eine Bandzugfeder. Versuche die Striche in der vorgegebenen
Reihenfolge nachzuzeichnen und behalte dabei das
Prinzip des Wechselzugs im Kopf. Nimm die Feder,
setze sie im Winkel von 30 Grad aufs Papier, bewege
deinen ganzen Arm und schreibe ...

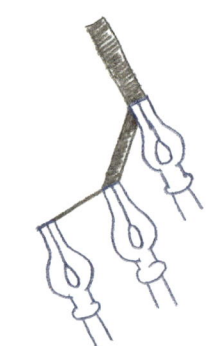

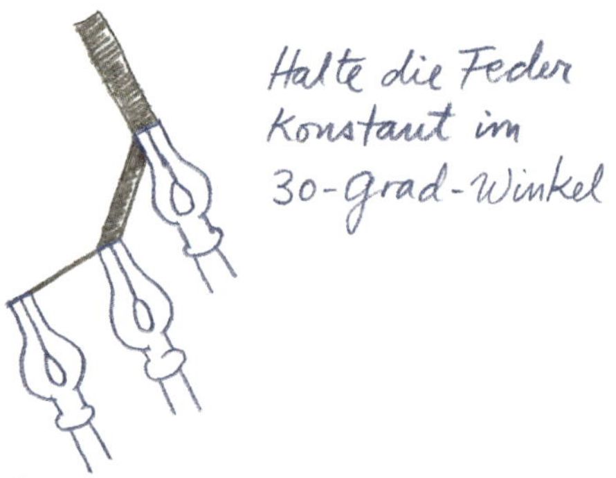

Halte die Feder
konstant im
30-Grad-Winkel

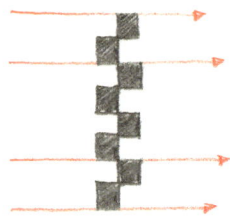

Zieh dir vor
Beginn ein paar
Hilfslinien

a a b b c c d d e e

f f g g h h i i j j k k

l l m m n n o o p p

q q r r s s t t u u v v

w w x x y y z z

Bei der Reihe von v bis z
(und auch beim k)
halte die Feder im
45-Grad-Winkel

1 2 3 4 5 6 7 8 9 0

Bei den
Zahlen auch

Bandzug-Kalligrafie
von Frank E. Blokland

Hier auch 45-Grad-Winkel

Schwellstrich

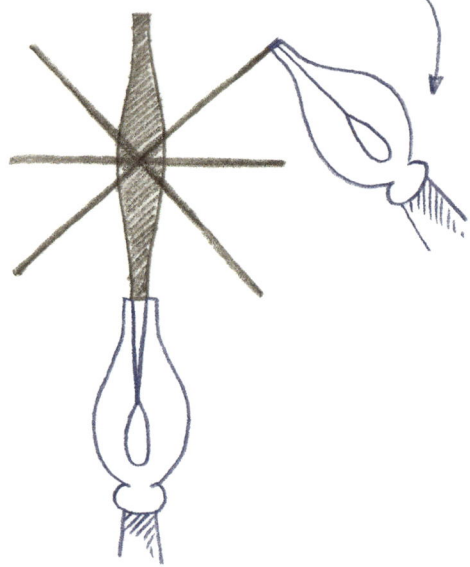

Die Strichstärke hängt einzig davon ab, wie viel Druck auf das Werkzeug gegeben wird

90°

Das Prinzip der Spitzfeder und vieler anderer spitz zulaufender Schreibgeräte ist der veränderliche Druck. Wenn die Hand beim Schreiben Druck auf die Feder ausübt, spreizt sie sich auf, mehr Tinte fließt heraus und der Strich wird dicker. Lässt der Druck nach, so schließt sich die Feder wieder und der Strich wird dünner. Deswegen nennen wir den entstehenden Strich Schwellzug.

Die Regel ist, dass wir bei den Abschwüngen, also beim Ziehen der Feder nach unten, Druck ausüben und beim Aufschwung (das Schieben der Feder nach oben) den Druck wieder nachlassen. Durch den veränderten Druck entsteht der Kontrast der Buchstaben, also der Unterschied zwischen den dünnen und dicken Strichen. Die Stärke des Kontrasts wird durch die Stärke des Drucks bestimmt und durch das Verhältnis der Schriftgröße zur Feder.

rafelranden van het schrift.

Elmo van Slingerland

Cinema

Giuseppe Salerno

Espressione

Giuseppe Salerno

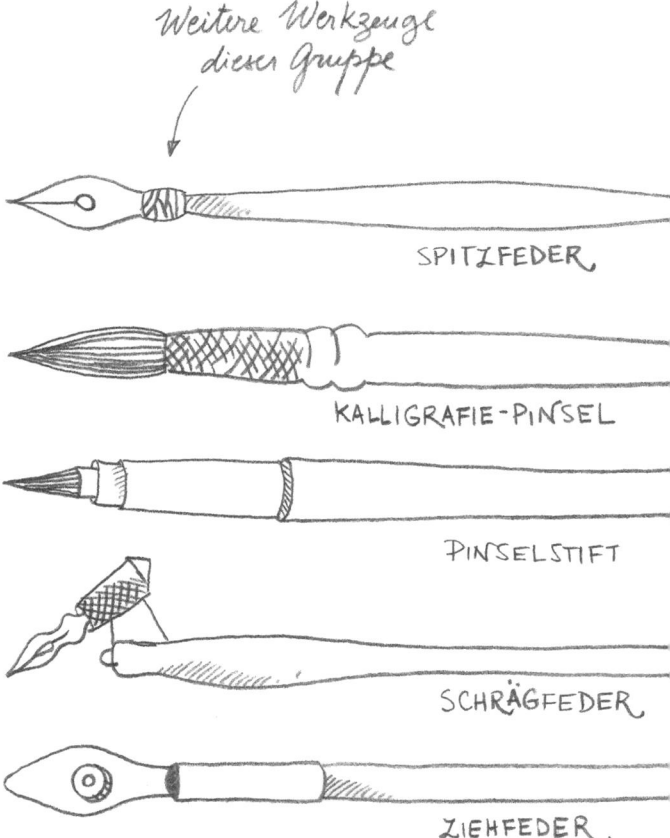

Weitere Werkzeuge dieser Gruppe

SPITZFEDER

KALLIGRAFIE-PINSEL

PINSELSTIFT

SCHRÄGFEDER

ZIEHFEDER

Auch hier gibt es verschiedene Vorbilder, nach denen wir üben können. Einige sind maßvoll und ruhig, andere ausdrucksstark, und alle arbeiten nach demselben Prinzip des Schwellstrichs.

Wir sehen hier ein einfaches Schriftmuster für eine
Spitzfeder. Versuche die Striche in der vorgegebenen
Reihenfolge nachzuziehen und behalte dabei das
Prinzip des veränderlichen Drucks im Kopf. Nimm die
Feder und setze sie aufs Papier. Verstärke den Druck,
wenn du sie nach unten ziehst, und lasse nach, wenn
du sie seitwärts oder nach oben bewegst.

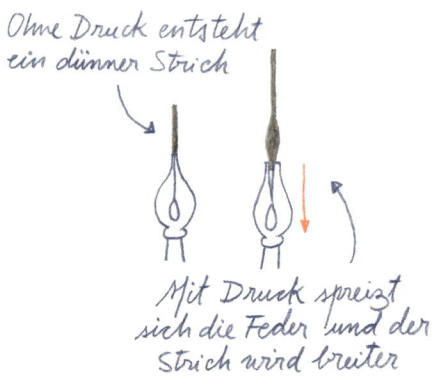

Ohne Druck entsteht
ein dünner Strich

Mit Druck spreizt
sich die Feder und der
Strich wird breiter

Ziehe dir vor Beginn
Hilfslinien. Je näher
sie aneinander sind,
desto stärker wird
der Kontrast der
Buchstaben

a a b b c c d d e e
f f g g h h i i j j k k
l l m m n n o o p p
q q r r s s t t u u v v
w w x x y y z z
1 2 3 4 5 6 7 8 9 0

*Spitzfeder-Kalligrafie
von Elmo van Singerland*

Schnörkel und Verzierungen
werden nach dem gleichen
Prinzip geschrieben

Weitere Werkzeuge

Es gibt viele kalligrafische Werkzeuge, die hier nicht alle ausführlich vorgestellt werden können. Ich möchte dich jedoch ermuntern, mit neuen Schreibgeräten zu experimentieren – das übt das Schreiben und trainiert deinen Blick für die Buchstabenformen.

Zum Ausprobieren eines neuen Werkzeugs kannst du folgende Übungen machen. Ich zeige sie hier anhand meines Lieblingswerkzeugs, des »Brush Pen«: Der Brush Pen ist ein Pinsel mit einer Tintenpatrone zum Wiederaufladen.

Finde wie bei jedem unbekannten Schreibgerät zuerst anhand seiner Eigenschaften heraus, zu welcher kalligrafischen Gruppe das Werkzeug gehört: Schreibe ein paar Grundformen, Auf- und Abschwünge und Kreise und prüfe, nach welchem Prinzip der Strich reagiert.

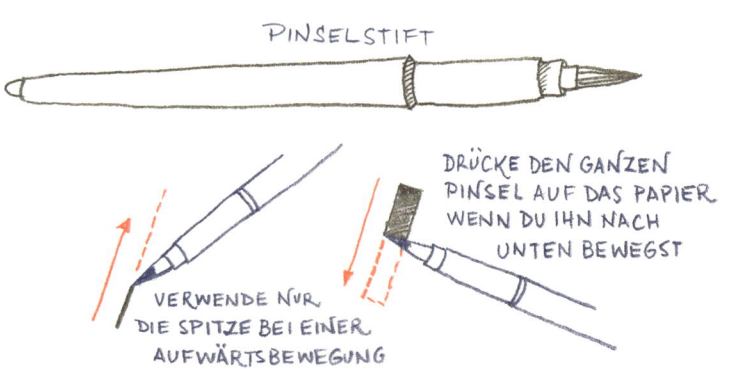

PINSELSTIFT

VERWENDE NUR DIE SPITZE BEI EINER AUFWÄRTSBEWEGUNG

DRÜCKE DEN GANZEN PINSEL AUF DAS PAPIER WENN DU IHN NACH UNTEN BEWEGST

Der Pinselstift gehört zu der Gruppe der Schwellzug-Werkzeuge und funktioniert nach dem Prinzip des veränderlichen Drucks

Suche dir dann ein passendes Schriftmuster und übe jeden Buchstaben.

a b c d e f
g h i j k l
m n o p q
r h s s t t
u v w
x y z

Giuseppe Salerno

Wenn du mit den Ergebnissen zufrieden bist, schreibe ganze Wörter in verschiedenen Geschwindigkeiten.

Giuseppe Salerno

Mit der Zeit wirst du vertrauter mit dem verwendeten Schriftmuster und kannst dich mehr und mehr von ihm lösen. Es gibt viele verschiedene Schriftmuster aus unterschiedlichen historischen Epochen für das gleiche Werkzeug. Recherchiere also passende Vorbilder und übe die, die dir besonders gefallen. Denn der einzige Weg, um besser zu werden, ist:

Es ist essenziell für erfolgreiches Lettering, die kalligrafischen Basics zu lernen. Doch wie streng müssen wir uns an die kalligrafischen Regeln halten? Das ist etwas, was wir während des Prozesses herausfinden werden. Die goldene Regel sagt: es soll funktionieren. Aber wie finden wir heraus, ob es funktioniert? Mit Erfahrung.

Ich möchte dir Mut machen, dich näher mit Kalligrafie zu beschäftigen: belege einen Kurs oder Workshop, kaufe oder leihe dir Bücher, experimentiere mit verschiedenen Werkzeugen. Zum Lettering musst du kein Kalligrafie-Meister werden, aber etwas kalligrafische Übung wird dir ein großes Stück beim Zeichnen von Buchstaben helfen.

5

SPIELWIESE

FÜR
Lettering Designer

Von der unendlichen
Vielzahl gestalterischer Stile

Das Design-Universum erkunden

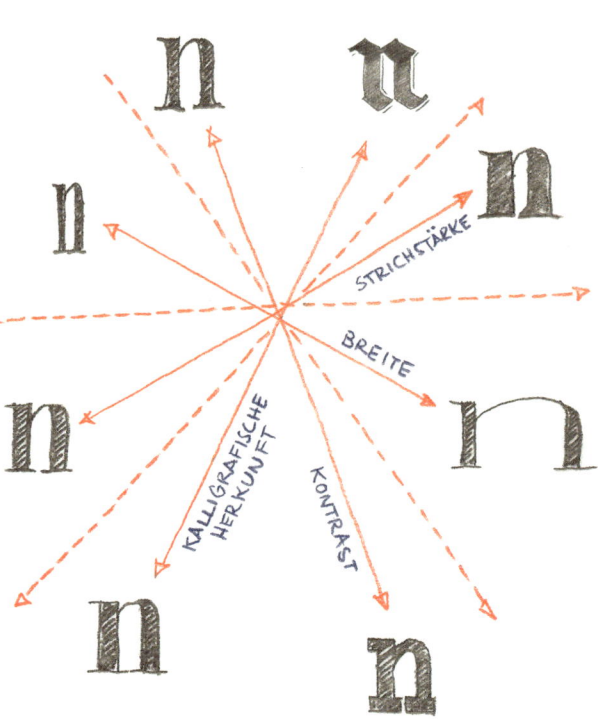

Unser kreativer Raum als Lettering-Designer wird durch alle nur vorstellbaren Möglichkeiten, einen Buchstaben zu zeichnen, bestimmt und ist deswegen unendlich. Wir nennen ihn unser »Design-Universum« und dort fühlen wir uns zu Hause.

Das Design-Universum wird durch Parameter bestimmt, die sich, wie vieles auf unserer Welt, zwischen zwei Polen bewegen. Das heißt, wenn wir uns etwa mit der Strichstärke beschäftigen, entfaltet sich unser Experimentierraum zwischen der breitesten und der schmalsten Strichstärke, die vorstellbar ist. Aber wie breit ist der breiteste Buchstabe und wie schmal der schmalste der Welt? Hier gibt es keine Regeln, denn die Möglichkeiten im Schriften-Universum sind unendlich!

Es gibt einige Parameter, mit denen wir häufig arbeiten werden. Das sind beispielsweise der Kontrast (der Unterschied zwischen den dünnsten und den dicksten Strichen eines Buchstabens) oder auch die Serifen: Wie viele verschiedene Formen können wir uns vorstellen? Wie scharfkantig, rund oder eckig können sie sein?

Und das sind noch lange nicht die einzigen Parameter, mit denen wir beim Lettering arbeiten. Du kannst dir so viele ausdenken, wie du magst, so verrückt sie auch sein mögen.

Strichstärke

Kontrast

Buchstabenbreite

Verschiedene
Stickmuster

Der grad der Neigung

Verschiedene Blüten

Anzahl der Schnörkel

Varianten
in der Schriftlinie

Die Zahl der Winkel

grad der Verzierung

Die Anzahl der Kerben

Der Grad der »Begrünung«

Die Zahl der Einschnitte

Die Anzahl der Linien

Die Menge der Pixel

Unterschiedliche Schäfte

Federbreite

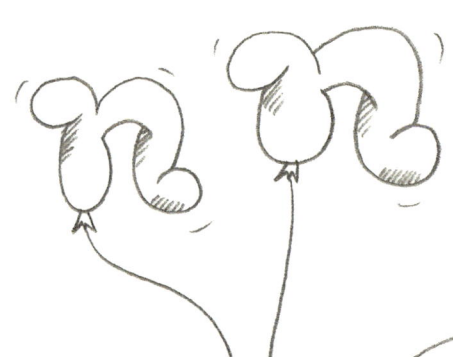

Schärfe der Ecken
oder auch die
» Geschwindigkeit «

Die Anzahl der Punkte

Die Größe der
Serifen

Verschiedene Konstruktionen

Die Form der Serifen

Der Grad der
Aufgeblähtheit

Die Länge des Schattens

UND SO WEITER…

Buchstabenformen und Lettering-Stile

Wie finden wir die Form für einen Buchstaben? Gute Frage! Es gibt keine allgemeine Anleitung dafür, wie Serifen aussehen müssen oder wie breit der Buchstabe a oder n sein muss. Würde ich an dieser Stelle festlegen, welche Formen ein B haben darf, würde die Buchstabenwelt auf die drei Varianten beschränkt, die sich mein Kopf vorstellen und die meine Hand ausführen kann. Mein Ziel mit diesem Buch ist genau das Gegenteil: Ich möchte dir Werkzeuge und Konzepte vermitteln, damit du deine persönlichen Formen und Stile entwickeln kannst.

In unserem kreativen Universum gibt es natürlich auch ein paar Regeln. Denn bei der Arbeit mit Schrift ist eines vorbestimmt: die Grundformen unseres Alphabets. Unsere geschriebene Sprache ist nichts weiter als eine Konvention, in der festgelegt ist, dass eine bestimmte Form für einen bestimmten Laut steht. Diese Form ist das Grundgerüst jedes Buchstabens, das wir in seinen Extremen (bis hin zur Abstraktion) erkunden können. Es gibt jedoch wichtige Merkmale, die einen Buchstaben

von den anderen im Alphabet unterscheiden. Ein gutes Beispiel dafür ist unsere eigene Handschrift, die zwar auf einem allgemeinen Modell beruht, mit der wir aber eine sehr persönliche Formensprache entwickeln, die mehr oder weniger gut lesbar ist.

Die Grenzen für die Form eines Buchstabens definieren sich sowohl durch seine einzigartige, eigenständige Form als auch durch den Vergleich mit den umgebenden Buchstaben. Der Buchstabe M muss im Kontext als ein M erkannt werden und darf nicht mit anderen Buchstaben verwechselt werden.

Die Lesbarkeit (die klare Erkennbarkeit von Buchstaben) hat einen wichtigen Platz im Schriftentwurf. Für jeden Lettering-Designer ist es eine große Herausforderung, seinen Buchstaben eine persönliche Note zu geben, ohne dabei den Hauptfokus zu verlieren, nämlich eine Botschaft zu übermitteln. Scheitert dies, wird unser Lettering zur abstrakten Kunst und verliert seine Funktion.

Innerhalb der Grenzen dessen, was wir als Buchstaben erkennen, sind die Formenvariationen endlos. Bedenke dabei, dass es auch mehrere Grundformen für denselben Buchstaben geben kann. Gehe auf Entdeckungsreise durch dieses Formen-Universum, nur so kannst du deinen eigenen Stil entwickeln.

Sobald wir über bestimmte Stile sprechen, reduzieren wir die Möglichkeiten auf solche, die bekannt sind und die wir benennen können. Das lässt alles Unbekannte und alle zukünftigen Entwicklungen außer Acht. Trotzdem gibt es natürlich wiederkehrende Stile im Lettering. Deswegen möchte ich im nächsten Abschnitt einige Stile benennen und Tipps geben, sodass du bei Interesse weiter recherchieren kannst.

Ich möchte hier weniger Vorlagen zum Nachmachen zeigen als vielmehr die Wirkweisen hinter jedem Stil analysieren, sodass du sie auf dein eigenes Design übertragen kannst.

Serifen-Schriften

Serifen spielen eine wichtige Rolle bei der Lesbarkeit von Mengentexten. Im Lettering ist ihre Aufgabe jedoch eher ästhetisch als funktional. Deswegen ist die Formenvielfalt der Serifen im Lettering größer und extremer. Wir einigen uns deshalb darauf, dass Serifen-Schriften im Lettering alle Buchstabenformen ein-schließen, die einen Strichabschluss haben, wie auch immer er geformt sein mag.

RENAISSANCE-ANTIQUA ODER OLD STYLE

und viele weitere...

Diese Formen gehen auf das kalligrafische Schreiben mit der Breitfeder zurück

KLASSIZISTISCH

und so weiter...

Stammt aus der Kalligrafie der Spitzfeder, schau dir die dünnen Serifen an

Diese Doppelseite zeigt klassische Serifen-Schriften,
die als Grundlage für spannende Variationen die-
nen. Das heißt nicht, dass die Variationen historisch
so entstanden sind. Wir können jedoch an diesen
Grundformen ansetzen und sie nach Herzenslust
weiterentwickeln.

Gibt es noch mehr Formen für Serifen?

Na klar!

SERIFENBETONTE ODER EGYPTIENNE

und immer so weiter

Statische Formen wie die klassizistischen Schriften, jedoch mit kräftigen, ausgeprägten Serifen

WEITERE ANTIQUA – VARIANTEN

und alles, was du dir noch ausdenkst

Dreieckige Serifenformen oder verschiedene Arten ausgestellter / seitlich erweiterter Strichenden

Serifenlose Schriften

Die Gruppe der Serifenlosen ist schwer zu definieren, da keine Buchstaben komplett serifenlos sind. Wir nennen hier alle Formen »Sans Serif«, die klare, gerade abgeschnittene Endstriche haben, ohne eine andere Form außerhalb der Strichstärke zu bilden. Beim Lettering können wir mit diesen Grenzen spielen.

... und noch eine (unvollständige) Auswahl

GROTESK

Die gebräuchlichste Form der Serifenlosen, oft mit geringem Kontrast

HUMANISTISCH

Die kalligrafische Variante der Serifenlosen, meist ist der Duktus des Striches sichtbar

Genauso wie Serifen sehr ausdrucksstark werden können, so können serifenlose Buchstaben extrem werden und trotzdem noch zum Sans-Serif-Stil gehören.

Wie viele serifenlose Varianten gibt es? So viele, wie du dir ausdenken kannst: Denn irgendwie müssen die Enden der Striche ja gestaltet werden. Keine Form ist komplett serifenlos

ECKIG

Wie die Grotesk, aber mit eckigen Kurven

GEOMETRISCH

Nicht wirklich geometrisch, aber es soll so aussehen!

Die Buchstaben sind aus geometrischen Formen entwickelt

Räumliche Schrift und Schatten

Ein dreidimensionaler Buchstabe kann mit oder ohne Perspektive gezeichnet werden. Im ersten Fall gilt: je weiter entfernt der hintere Teil wirken soll, desto kleiner ist er. Für einen Buchstaben ohne Perspektive reicht es aus, die gleiche Form versetzt zu wiederholen und die Eckpunkte zu verbinden.

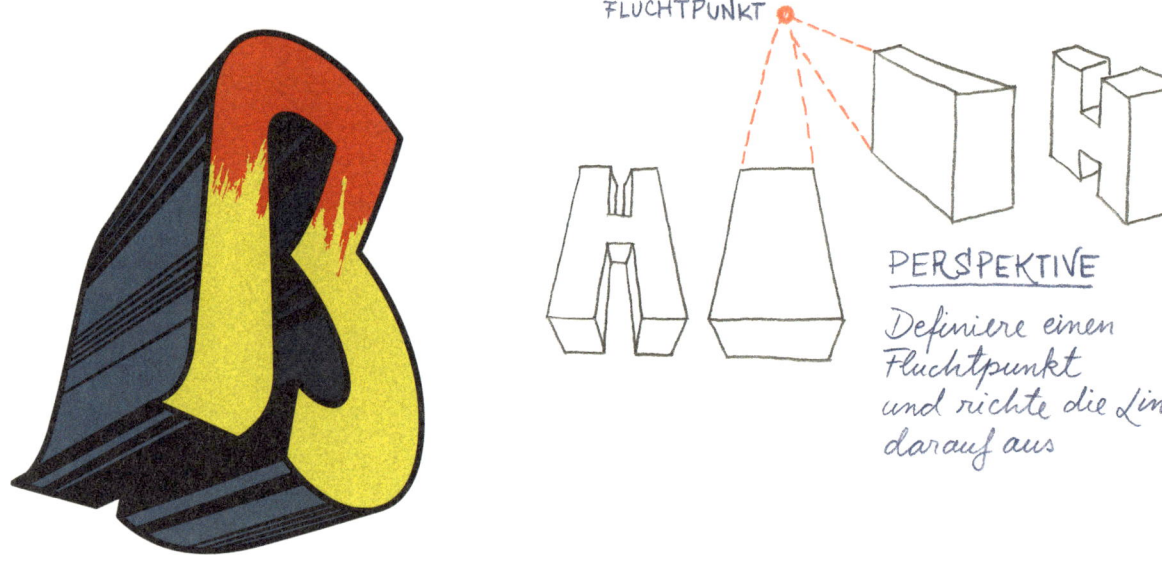

FLUCHTPUNKT

PERSPEKTIVE

Definiere einen Fluchtpunkt und richte die Linien darauf aus

PARALLEL-PROJEKTION

Die Form wird wiederholt und die Eckpunkte verbunden

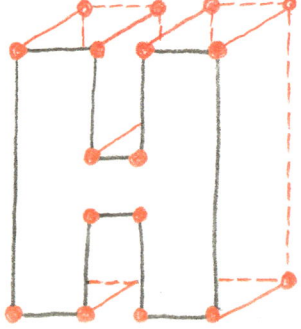

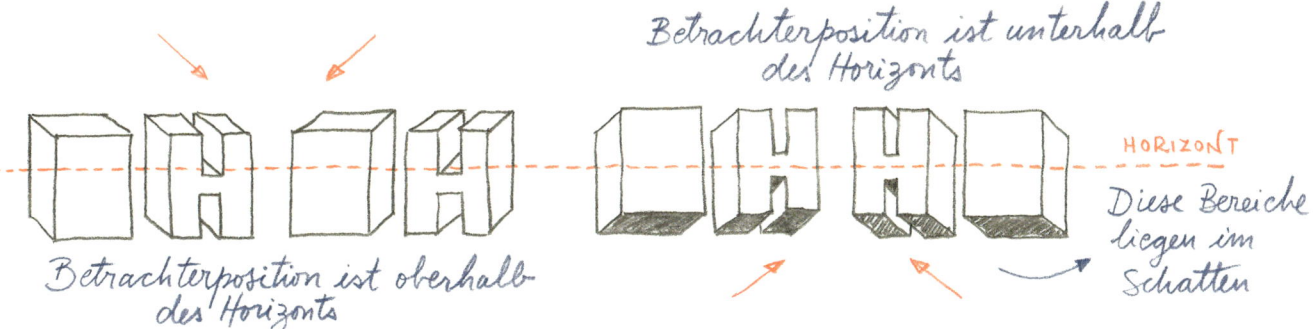

Betrachterposition ist unterhalb des Horizonts

HORIZONT

Diese Bereiche liegen im Schatten

Betrachterposition ist oberhalb des Horizonts

Dreidimensional gezeichnete Buchstaben haben oft einen Schatten. Denn wo Räumlichkeit und eine Lichtquelle ist, entstehen auch Schatten.

Um Schatten zu zeichnen, legen wir fest, wo sich die Lichtquelle befindet und zeichnen abhängig davon den Schattenwurf überall konsequent ein. Die Wirkung des Schattens ist je nach dem Standort der Lichtquelle unterschiedlich.

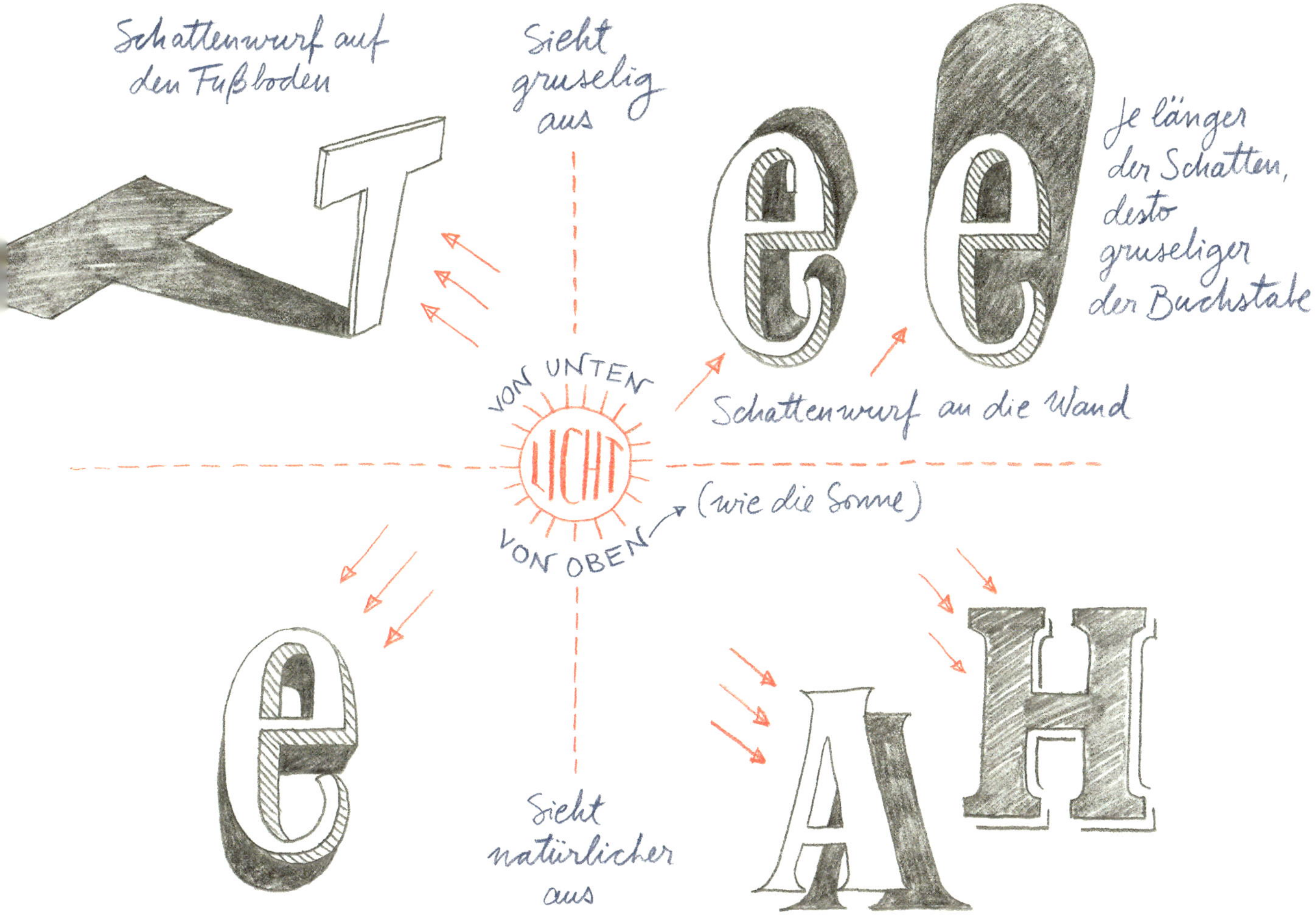

Schattenwurf auf den Fußboden

Sieht gruselig aus

Je länger der Schatten, desto gruseliger der Buchstabe

VON UNTEN

LICHT

Schattenwurf an die Wand

VON OBEN → (wie die Sonne)

Sieht natürlicher aus

Schreibschrift

Script Lettering oder Schreibschrift ist der Sammelbegriff für alle Schriften mit einer fortlaufenden Linienführung, wie sie beim Schreiben mit der Hand entsteht. Die Verbindung der Buchstaben ermöglicht eine schnellere Schreibgeschwindigkeit.

Es gibt so viele Handschriften wie Hände auf der Welt. Sie alle sind persönliche Ausprägungen von erlernten Handschriftmodellen. Die Variationen entstehen, wenn die Hand beim Schreiben ihren eigenen Tonus einbringt.

Obwohl Handschriften heutzutage immer ähnlicher aussehen, haben sie von Land zu Land unterschiedliche Grundzüge. In der sogenannten »Französischen Handschrift« sind Buchstaben rund und eher aufrecht.

Von Nord- bis Südamerika ist die Ausgangsschrift enger, mit einer geneigten Achse.

Handschrift

Und obwohl heute nicht mehr benutzt, war Sütterlin noch vor hundert Jahren weit verbreitet in Deutschland. Viele der Sütterlin-Formen sind heute nicht einmal mehr für Deutschsprachige zu entziffern.

Sütterlin

↳ *Das heißt » Sütterlin «*

Französisch

Schreibschriften mit vielen Schnörkeln machen Spaß!

Script Lettering wird von ähnlichen Prinzipien wie die Handschrift bestimmt: Neigung, Breite, Geschwindigkeit und Rhythmus.

Hand | Hand / Hand / Hand

Die **Neigung** bezieht sich auf die Schrägstellung der Buchstaben. Wenn der Winkel 90 Grad beträgt, sagen wir, die Buchstaben stehen aufrecht. Die meisten Schreibschriften haben eine mehr oder weniger ausgeprägte Neigung in die Schreibrichtung. Es gibt aber auch rückwärtsgeneigte Schriften.

Hand Hand Hand

Die **Breite** bezeichnet den Grad der horizontalen Dehnung – sowohl innerhalb der Buchstaben als auch zwischen ihnen.

Entspannt Nervös

Die **Geschwindigkeit** ist ein eindeutiges Merkmal des Script Lettering. Langsam geschriebene Handschrift ist meist breiter, mit einer gleichmäßigen Grundlinie. Schrift von einer nervösen Hand ist enger, mit einer unregelmäßigen Grundlinie. Im Script Lettering werden diese Eigenschaften sichtbar.

Formal

Der **Rhythmus** wird von allen vorher genannten Faktoren bestimmt und beschreibt den Grad der Gleichmäßigkeit und Einheitlichkeit der Buchstaben.

Da Pinselschriften aus der Handschrift stammen, gibt es viele Formvarianten für einen Buchstaben

aaaaa

Süß und niedlich

HAUPTMERKMALE
- Weiche Strichenden
- gefällige Formen
- unterschiedliche Breite, abhängig von der Schreibgeschwindigkeit

CHARAKTERISTISCHE STRICHE

Hola Amiga

Brush- oder Pinselschriften

Brush Lettering kommt vom kalligrafischen Schreiben mit einer Spitzfeder oder einem Pinsel. Dieser Stil wird von ähnlichen Prinzipien wie Script Lettering bestimmt. Die Besonderheiten zeigen sich in vielen Formvariationen und dem sichtbaren Einfluss der Schreibgeschwindigkeit. Die Striche sind unregelmäßig und die Strichenden oft weich und rund, entsprechend der Pinselform.

Erinnerst du dich, wie der Pinselstift funktioniert?

Benutze die Spitze bei der Aufwärtsbewegung

Drücke den Pinsel aufs Papier, wenn du ihn nach unten bewegst

VERSCHIEDENE STILE

aho aho aho

SCHWABACHER TEXTURA FRAKTUR und weitere...

Dramatisch und hart

HAUPTMERKMALE
- Scharfe und kantige Linien
- gebrochene Striche
- Enges Schriftbild
- Außergewöhnlich verzierte Versalien

CHARAKTERISTISCHE STRICHE

Lettering für die Washington Post ad: Amanda Soto

Erinnerst du dich, wie die Breitfeder funktioniert?
Die Feder verbleibt beim Schreiben im gleichen Winkel

Die Ecke der Feder benutzen

Gebrochene Schriften

Blackletter oder auf Deutsch »gebrochene Schrift« ist der Sammelbegriff für kalligrafische Stile, die in ganz Europa zwischen dem 12. und dem 17. Jahrhundert genutzt wurden. Gebrochene Schriften werden mit einer Bandzugfeder ausgeführt und sind an ihrem eckigen und engen Duktus zu erkennen. Die Bögen der Buchstaben sind meist durch abrupte Richtungswechsel in der Strichführung »gebrochen« (daher der Name). Das Ergebnis ist ein oft dunkles und schweres Schriftbild. Die Grundformen – vor allem der Versalie – weichen oft von den lateinischen Buchstabenformen deutlich ab.

Funky-Schriften

Ein freundlicher Ausdruck für »verrückt«

Eine nicht ganz so offizielle Bezeichnung für alle Buchstabenformen, die »witzig« aussehen. Sie haben häufig ungleichmäßige Proportionen oder eine tanzende Grundlinie. Je nachdem, wie extrem diese Eigenschaften ausgeprägt sind, kann Funky Lettering sogar zu »Monster Lettering« werden.

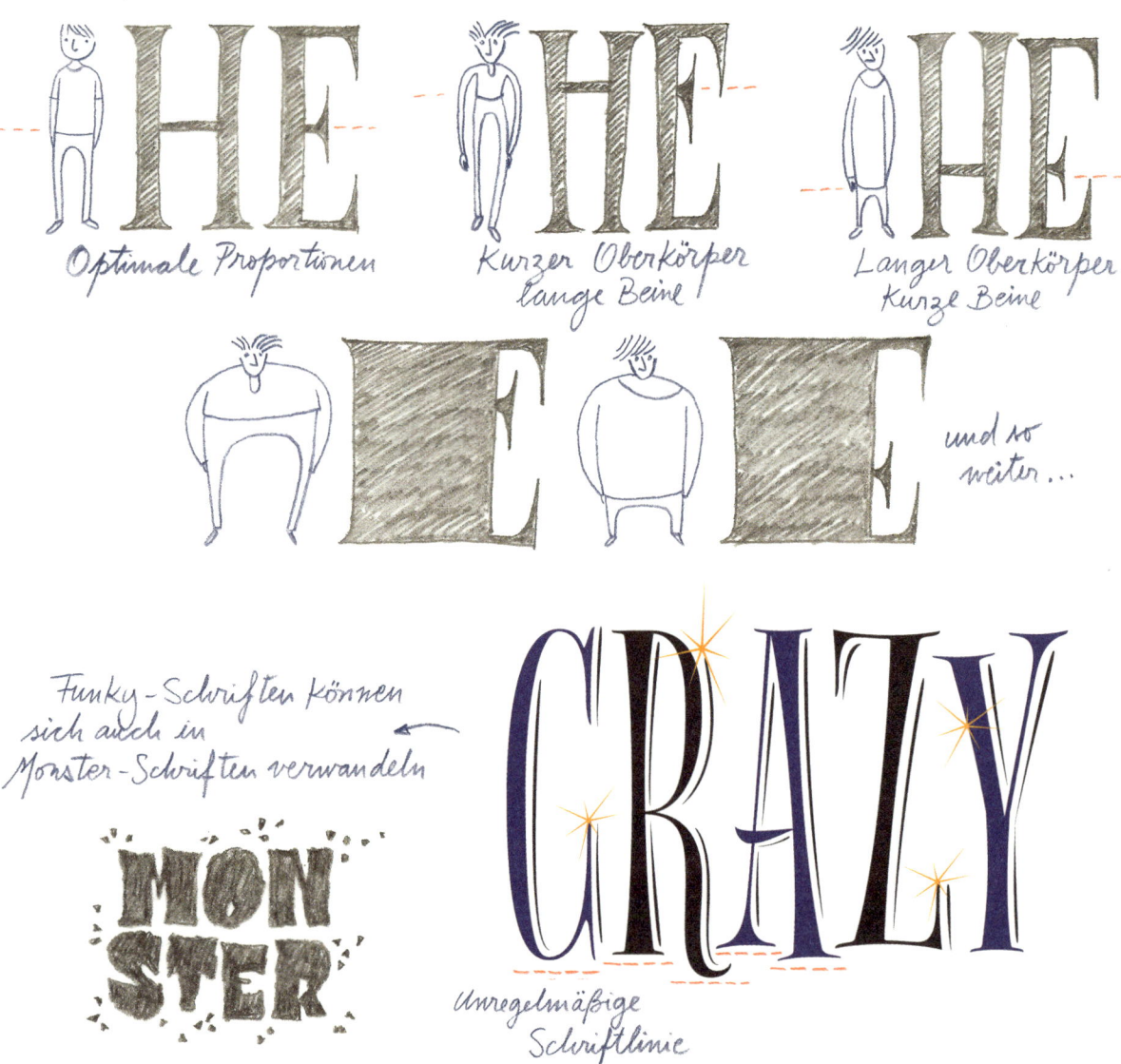

PROPORTIONEN DER BUCHSTABEN

Optimale Proportionen

Kurzer Oberkörper Lange Beine

Langer Oberkörper Kurze Beine

und so weiter...

Funky-Schriften können sich auch in Monster-Schriften verwandeln

MON STER

CRAZY

Unregelmäßige Schriftlinie

Auch andere extreme Eingriffe in die Buchstabenformen gehören zum Funky Lettering. Wie bei allen diesen Stilen sind hier die Grenzen unscharf. Wir können zum Beispiel den Kontrast umkehren: Dabei werden alle breiten Striche in dünne umgewandelt und alle dünnen in breite. Oder wir verändern die Form der Serifen, indem wir sie vergrößern. Das Ergebnis ist oft eine Zirkus- oder Wildwest-Anmutung.

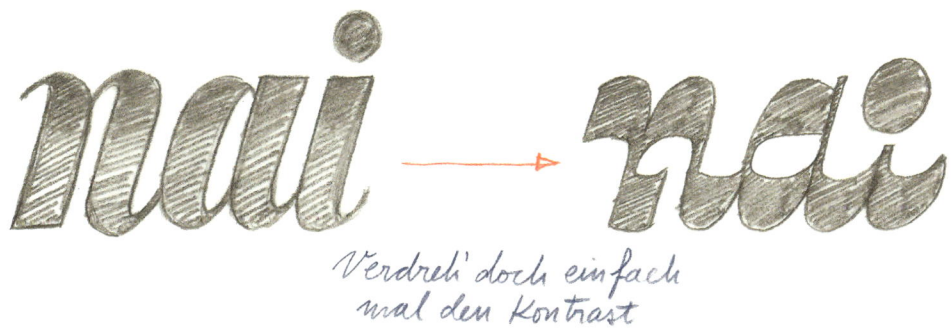

Verdreh' doch einfach mal den Kontrast

TIPP:
Je mehr Kontrast umso schräger die Wirkung

Pump' einfach die Serifen auf

Dekorierte Schriften

Wie bei einer Hochzeitstorte wird dieser Lettering-Stil von vielen dekorativen Ebenen erzeugt, die sich überlagern. Idealerweise sind diese Elemente von vornherein geplant – sie sollten nicht erst am Ende des Entwurfs hinzugefügt werden. Der Einsatz von Farbe und Kontrast trägt viel zu dekorativem Lettering bei.

Dekorative Schriften werden häufig für einzelne Buchstaben oder als Initialen verwendet

OUTLINE-DEKORATION

KOMPLEXE LINIENFÜHRUNG

3D MIT LIEBE ZUM DETAIL

Dekoratives Lettering kann auch illustrativ sein. So können zum Beispiel Buchstaben aus einem breiten Band oder anderen echten Dingen geformt werden. Diese echten Materialien und ihre Eigenschaften haben großen Einfluss auf die Buchstabenformen – auf diese Weise entstehen wiederum ganz neue Ergebnisse.

Benutze ein breites Band als Modell

KIRSCHE

LINIEN

FARBE

VERZIERUNG

MEHR FARBE

SCHATTEN

VOLUMEN

Verwende so viele Ebenen wie du magst!

Deko-Ebenen

Schichten der Verzierung

Die eigene Lettering-Bibliothek

So wie ein Maler künstlerische Strömungen verfolgt, sollte auch der Lettering-Designer darüber Bescheid wissen, welche Stile es in der Geschichte des Lettering gab. Genau wie Kunstwerke werden Buchstaben ästhetisch von ihrem geschichtlichen Umfeld geprägt. Ebenso haben die jeweiligen Technologien und Produktionsmethoden Einfluss auf die Buchstabenformen. So bot die Erfindung der Lithografie ganz neue Möglichkeiten, die im Bleisatz unmöglich waren.

Die Kenntnis darüber, was andere in der Vergangenheit gemacht haben, ist sehr hilfreich zum Verständnis davon, wo wir heute stehen und was unser eigener Beitrag dazu sein kann.

3.

SCHRIFTMUSTERBÖGEN

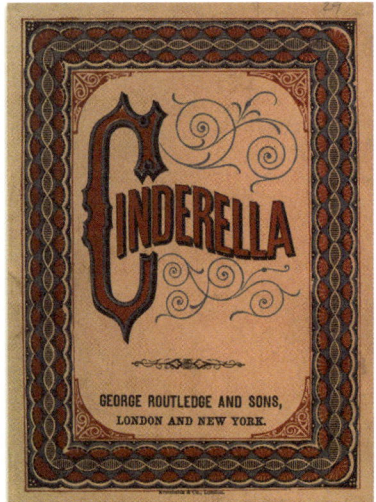

1.

BUCHCOVER

2.

VERPACKUNGSDESIGN
(VON »FRÜHER«)

Nimm dir die Zeit, dich mit historischen Vorbildern zu beschäftigen, sie zu analysieren und damit zu üben. So lernst du die Bandbreite der kreativen Möglichkeiten im Lettering kennen und verbesserst und erweiterst deine Fähigkeiten. Die verschiedenen Stile zu kennen und zu üben hilft dir, im Gestaltungsprozess zu deinem eigenen Stil zu gelangen und gute Lösungen zu finden.

Lies kalligrafische Lehrbücher, schau nach alten Schriftmusterbüchern, fotografiere und sammle alte typografische Schriftzüge von Postern oder Verpackungen. So kannst du deine eigene Inspirations-Bibliothek erstellen.

4. STEMPEL

8. SCHALLPLATTENCOVER

5. MAGAZINCOVER

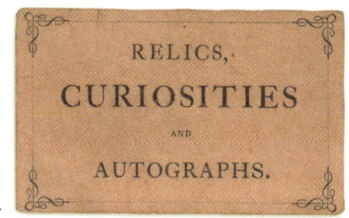

RELICS,
CURIOSITIES
AND
AUTOGRAPHS.

9. EPHEMERA

ANSTECKER

11.

DOKUMENTE

6.

7. BUCHCOVER

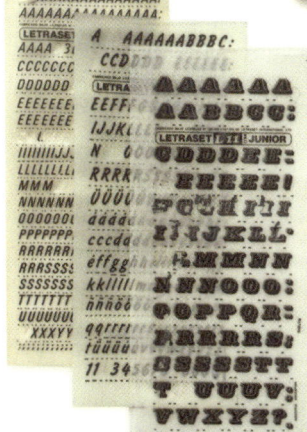

10. LETRASET

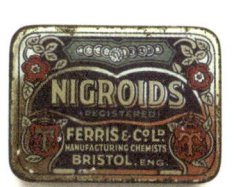

12. BLECHDOSEN

13. HOLZDRUCKTYPE

1. Cinderella von George Routledge
   And Sons. Buchcover
2. Deutsche Schreibfedern
3. Alte Schriftmusterbögen
4. Gummistempel von Sol Matas
5. The Magazine of Art. Cover
6. Argentinisches Sparbuch
7. Große Erfinder und Entdecker
   Buchcover
8. Les Luthiers. Schallplattencover
   von Ricardo Rousselot
9. Alte Ephemera
10. Letraset
11. Dampflok-Romantik-
    Anstecker
12. Nigroids-Blechdose
13. Holzdrucktype

abcdefghijklmnop qrstuvwxyz, &c.

D'après Walter Beaton de Londres

script et sculp.

Jules Girault

Kapitel 6

▸ HIERARCHIE

UND

Struktur

▸ Verzerrung

▸ Zierbuchstaben

Curls

▸ Zierelemente

PFEILE

RAHMEN

♡ ♡ HERZEN

und mehr...

▸ Scribbles

6

KOMPOSITION und Dekoration

Von Struktur, Hierarchie
und Verzierung

Hierarchie und Struktur

Es gibt Fälle, in denen Lettering nur die Nebenrolle in einer Anwendung spielt, beispielsweise im Untertitel eines Logos. Dann muss sich der Aufbau des Letterings an die schon vorgegebenen Elemente anpassen.

Öfter jedoch spielt Lettering die Hauptrolle und muss für sich alleine stehen können. Deswegen strukturieren wir die Wörter und Sätze wie eine Komposition. Die Struktur ist das Grundgerüst, auf dem die Worte stehen

werden. Um es zu gestalten, legen wir zuerst Texthierarchien fest. Durchdacht angeordnete Elemente helfen dem Leser, auf den ersten Blick zu sehen, was wichtig und was zweitrangig ist.

Wir können Hierarchien auf verschiedene Weisen erzeugen. Die erste und einfachste funktioniert über die Größe: Die großen Wörter schieben sich in den Vordergrund, während die kleineren eher zurücktreten.

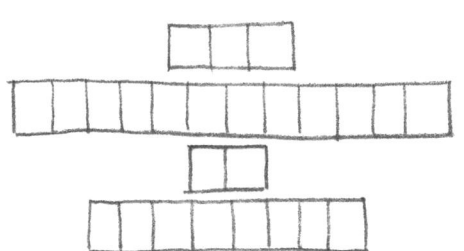

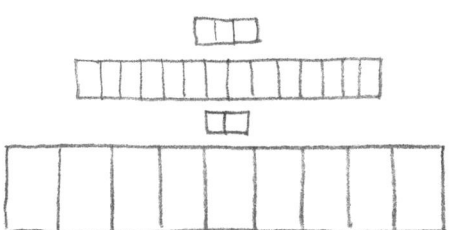

Hierarchien lassen sich auch durch Farbe erzeugen. Wir wählen also stärkere Farben für die Hauptrollen und schwächere Töne für die Nebenrollen. Auch Verzierungen oder eine veränderte Strichstärke können einzelne Wörter hervorheben. Durch eine fette Schrift wird der Eindruck des Wortes dunkler und dadurch betont.

Außerdem können wir verschiedene Schriftstile verwenden, beispielsweise eine Serifenschrift mit einer englischen Handschrift. Dadurch legen wir zwei Gruppen innerhalb des Entwurfs fest. Natürlich können wir diese verschiedenen Ansätze auch miteinander kombinieren!

Die Hierarchie ist der erste Schritt für den Aufbau
unseres Entwurfs. Denn dabei sortieren wir die Elemente,
mit denen wir arbeiten werden. Der nächste Schritt
ist die Position der Elemente, denn auch sie bestimmt
die Hierarchie.

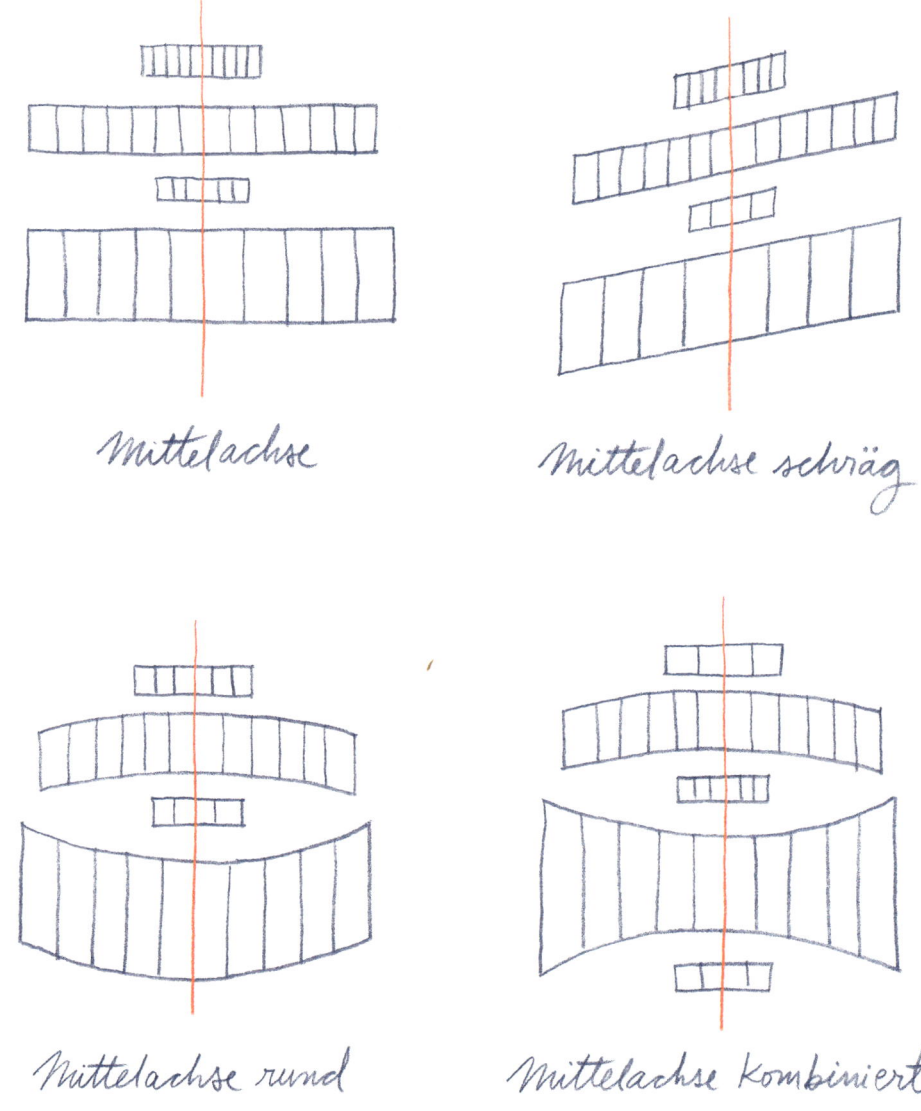

Mittelachse   Mittelachse schräg

Mittelachse rund   Mittelachse Kombiniert

Wir können mit einer zentrierten Komposition arbeiten,
bei der sich alle Wörter an einer Mittelachse ausrichten.
Oder wir richten sie rechts- oder linksbündig aus.

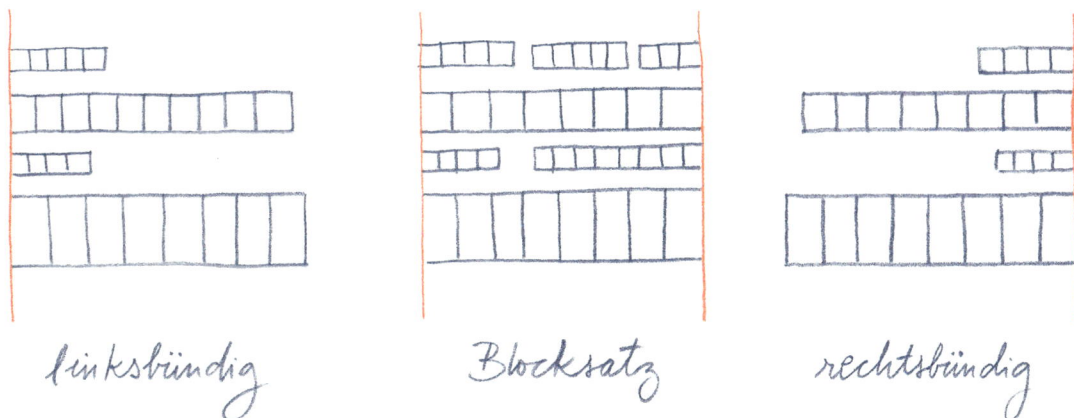

linksbündig   *Blocksatz*   *rechtsbündig*

Eine weitere Option ist der Block- oder Formsatz, bei dem alle Zeilen an die Umrisse eines Objekts angepasst werden, beispielsweise an einen Kreis oder ein Quadrat.

Unsere Entwürfe können auch komplexer werden, indem sie sich an mehreren Achsen ausrichten und verschiedene Formen enthalten. Du kannst natürlich noch viele weitere Kombinationen ausprobieren, denn unser Design-Universum ist ja unendlich.

Zwei Achsen geschwungen   *Zwei Achsen schräg*   *Zwei Achsen kombiniert*

Verzerrung

Eine spannende Eigenschaft des Lettering ist seine Fähigkeit, sich an verschiedene Umgebungen anzupassen.

Für die Verzerrung gilt, dass die Buchstaben stets der Schwerkraft folgen. Wenn sich unsere Buchstaben an eine schräge Form anpassen, sollten sie trotzdem ihr Gleichgewicht behalten und ihrer eigenen Schwerkraft folgen.

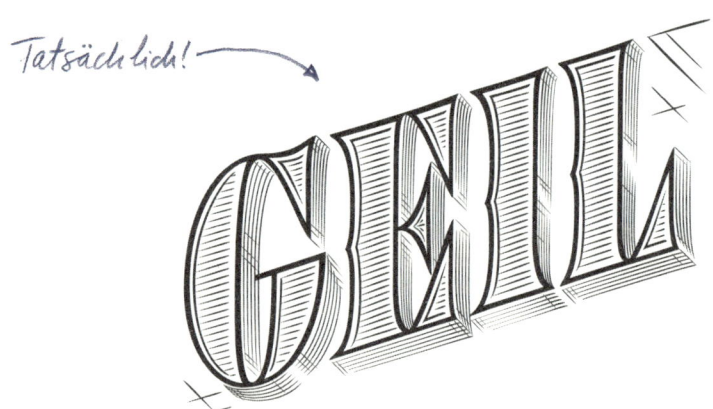

→ H *nein*

Verzerrung entlang der Grundlinie (sieht immer breiter aus)

H *Ja!*

Entwurf direkt auf der geneigten Grundlinie

Soll der Schriftzug an eine äußere Form angepasst werden, so werden die Buchstaben direkt in dieser Form gezeichnet. Sie sollten nicht im Nachhinein über das Computerprogramm verzerrt werden, denn dadurch würden die Formen unausgewogen und seltsam aussehen.

Passt du die Buchstaben an eine Form an, so entstehen innerhalb eines Wortes unterschiedliche x-Höhen und eine variable Schriftlinie. Um einen einheitlichen Grauwert zu erhalten, braucht es ein paar optische Anpassungen. Auch hier ist wieder unser typografisches Auge gefragt, um ein ausgewogenes Schriftbild zu zeichnen.

Größere Buchstaben haben mehr Weißraum, der ausgeglichen werden sollte

Kleine Buchstaben sehen leichter aus und brauchen eine optische Anpassung

Erstelle ein Raster aus Hilfslinien, damit alle Buchstaben gleichmäßig verzerrt werden

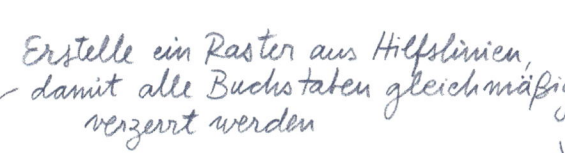

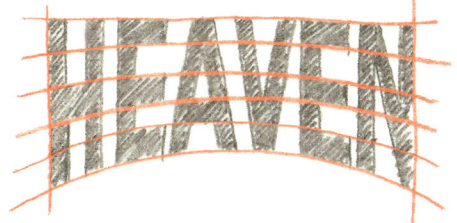

Verzierungen und »Swash-Buchstaben«

Verzierungen und Schnörkel an den Buchstaben sind eine der reizvollsten Seiten des Lettering. Anfänger sind bei ihren ersten Lettering-Versuchen gern dazu verleitet, viele Verzierungen zu verwenden. Doch auch wenn sie viel zu unserer Gestaltung beitragen können: oft ist weniger mehr! Halte deshalb beim Einsatz von Verzierungen einige Grundregeln ein:

Verzierungen können dabei helfen, das Gleichgewicht einer Komposition herzustellen.

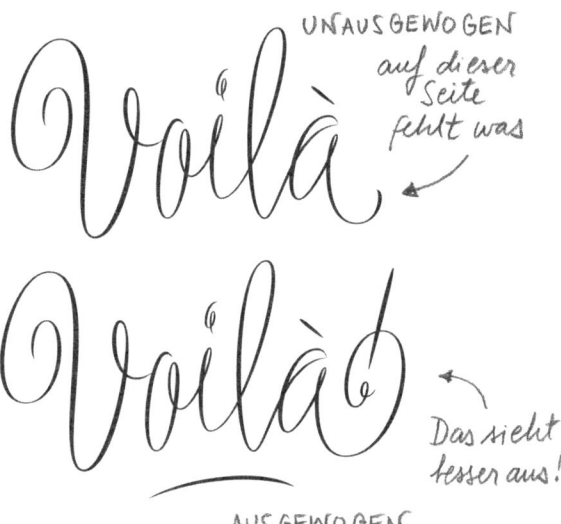

Oder, wie schon erwähnt, einen bestimmten Teil hervorheben.

Verzierungen bewirken positiven und negativen Weißraum und beeinflussen so die Buchstabenabstände. Schnörkel können unbemerkt Formen erzeugen, die wie Buchstaben aussehen und dadurch die Lesbarkeit des Wortes beeinträchtigen.

Je nachdem, mit welchem Stil wir gerade arbeiten, passt sich auch die Dekoration diesem Stil an. Es gibt zum Beispiel Regeln für das Verzieren von Fraktur-Schriften, die sich sehr stark von denen unterscheiden, die beim Brush Lettering angewendet werden. Forsche in alten Kalligrafie-Lehrbüchern nach den Eigenheiten und Elementen der jeweiligen Stile.

Verzierungen und Schnörkel sind Erweiterungen der Buchstaben. Deswegen lässt sich aus den Buchstabenformen ableiten, wie die Formen der passenden Verzierungen gestaltet sein sollen.

Auch die Strichstärke und der Kontrast ergeben sich aus den Eigenschaften der Buchstaben (und deren kalligrafischen Vorbildern). Die »MutterFormen«, die unsere Buchstaben bestimmen, gelten auch für ihre Dekoration.

Schau dir alle runden Buchstaben an und finde die ovale Grundform. Verwende diese Grundform für alle weiteren Schlaufen und Schwünge

Der Kontrast der Buchstaben findet sich auch in den Verzierungen wieder

SPITZFEDER

BANDZUGFEDER

Ligaturen sind immer gern gesehen

Achte darauf, dass die Schlaufen immer zurück zum Schriftzug führen, dann sehen sie nicht wie Haken aus

Abstriche sind immer eine schöne Möglichkeit für Verzierungen

nein

Ja!

HAKEN

Zierelemente

Wie erwähnt, existieren zu den meisten Lettering- und Kalligrafie-Stilen auch bestimmte historische Zier-elemente. In diesem Buch möchte ich einen modernen Ansatz des Lettering vertreten, der die historischen Vorbil-der anerkennt, sie aber nicht zwangsläufig reproduziert.

Die Vorbilder kennenzulernen, unterstützt dich bei deinem Lernweg. Aber über sie hinauszugehen und dich von ihnen zu entfernen, ist jederzeit möglich.

Wir können die kompliziertesten Schwünge und Schnörkel in einfache Formen zerlegen. Deine Aufgabe ist es, sie in spannender und neuer Art und Weise zu kombinieren:

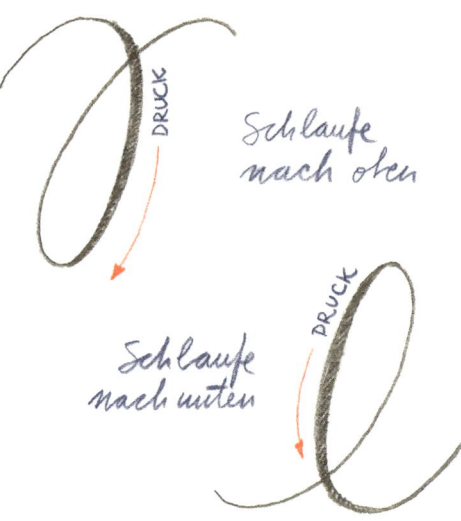

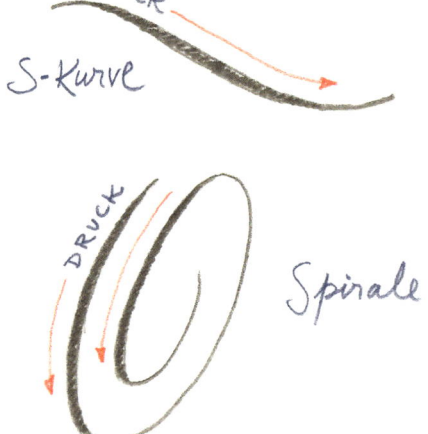

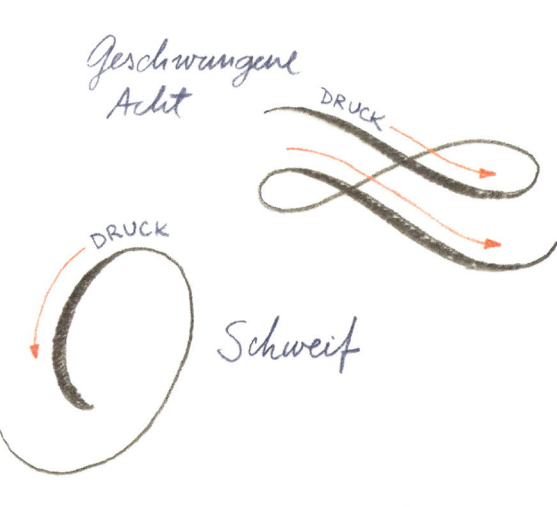

Zierelemente können für unterschiedliche Zwecke eingesetzt werden. Die gebräuchlichsten sind: Umrah-mungen, Muster, Initialen, Borten, Begrenzungen, Schnörkel und Textausschmückungen. Dabei sind kalligrafische Striche nicht das Einzige, was du verwenden kannst. Nutze auch florale Muster, Efeu oder was sonst noch zu deinen Buchstaben passt.

BLÄTTER

RAHMEN

NATUR

RAHMEN

RAHMEN

RAHMEN

PFEILE

ZIERBUCHSTABEN

TIERFORMEN

HERZCHEN
(nur wenn
wirklich nötig!)

TRENNLINIE

TRENNLINIE

Freestyle-
Kombination
aus einfachen
Formen

ZIERELEMENTE

Shine

ZEIGEHAND

SPRUCHBAND

TEXTVERZIERUNGEN

The Golden Secrets of Lettering

The Golden Secrets of Lettering

The Golden Secrets of Lettering

The Golden Secrets of Lettering

The Golden Secrets of Lettering

The Golden Secrets of Lettering

The Golden of Secrets Lettering

The Golden Secrets of Lettering

The Golden Secrets of Lettering

Scribbles

Normalerweise beginne ich ein Projekt damit, Hierarchie und Anordnung zu bestimmen. Denn beides bestimmt, wie viel Raum der Schriftzug einnehmen wird. Dafür mache ich viele kleine Bleistift-Skizzen von ungefähr fünf bis acht Zentimetern Breite, bei denen ich mit Text-Hierarchien und der Anordnung experimentiere. Dabei formuliere ich schon erste Ideen für den Lettering-Stil meines Entwurfs.

Das Gute an der Arbeit in diesem kleinen Format ist, dass du dich auf die Gesamterscheinung konzentrierst, anstatt dich zu früh im Detail zu verlieren. Du kannst schnell verschiedene Anordnungen ausprobieren und kombinieren, um zu sehen, was am besten funktioniert.

Wenn ich eine passende Struktur für mein Projekt gefunden habe, zeichne ich entweder eine größere Version davon oder vergrößere sie mit dem Kopierer. Diese dient als Grundlage für die nächsten Schritte.

Das wird die Grundlage meiner Skizzen

Kapitel 7

SKIZZE → Skizzieren

↳ Tipps für
Anfänger

↓ Grundausrüstung
für einen Lettering - Designer

▸ Arbeit mit Ebenen

3
2
1

↳ Übersicht über den
Skizzierprozess

7

Schriften

SKIZZIEREN

Von der ersten Skizze
zum komplexen Entwurf

(und ein paar grundlegende
Tipps und Tricks)

Grundausrüstung
für einen Lettering-Designer

Beim Lettering geht es nicht darum, direkt beim ersten Versuch die perfekte Form zu finden. Das Zeichnen ist ein sich wiederholender Prozess, bei dem wir bei jedem Schritt Entscheidungen treffen, Details verändern und die Formen verbessern. Deswegen ist es wichtig, dass wir Techniken nutzen, die diesen Prozess erleichtern und ein komfortables Arbeiten ermöglichen.

Meine Lieblings-Skizziertechnik ist die Arbeit mit Korrekturebenen auf Transparentpapier. Mit dieser Technik können wir die Zeichnung mit jeder Ebene verbessern und verfeinern, ohne dabei die vorherige Zeichnung zu verlieren.

Dafür brauchst du weißes Papier, viel Transparentpapier und einen Bleistift. Praktisch ist ein Druckbleistift, der nicht angespitzt werden muss. Das ist alles, was du auf deinem Arbeitstisch brauchst.

PAPIER Normales Kopierpapier ist in Ordnung

Es gibt aber auch ein paar »verbotene« Dinge: Lineale und Millimeterpapier. Geometrische Hilfsmittel zu benutzen würde dich nur davon abhalten, die Formen so zu zeichnen, wie du sie haben möchtest.

Ich rate davon ab, Skizzenbücher zu benutzen. Denn der Anspruch, das Buch in ein schönes, vorzeigbares Objekt zu verwandeln, widerspricht dem Prozess des »einfach mal Machens«, des »Trial and Error«. Lose Blätter unterstützen den Skizzierprozess besser.

All das
brauchst du nicht:

SKIZZENBUCH

Skizzenbücher setzen
unter Druck, weil man
was »Bleibendes« schaffen
will. Benutze lieber loses
Papier

Transparentpapier
40 Gramm-Papier ist ideal,
andere funktionieren aber auch.
Am besten von der Rolle, so kannst
du die größe selbst bestimmen

MESSWERKZEUGE

Mit einem Lineal zeichnest
du Formen nach den
Vorgaben des Werkzeugs
und nicht so, wie du
es möchtest

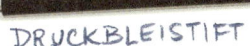

DRUCKBLEISTIFT

den brauchst du
nicht anspitzen

BLEISTIFT

SPITZER

Skizzieren

Nun hast du schon erste kleine Scribbles angefertigt, um
Hierarchie und Anordnung festzulegen. Vielleicht
hast du auch schon überlegt, welche Stilrichtung dein
Schriftzug haben soll. Das wirst du jetzt in einem größeren Maßstab ausprobieren.

Eine gute innere Haltung zum Skizzieren ist es, nicht
sofort etwas Perfektes oder Hübsches erzeugen zu
wollen. Erst im Laufe des Prozesses wird deine Zeichnung
akkurater und feiner und mit der Zeit wird deine
Hand freier im Strich. Sorge dich also nicht über anfäng-
lich steife oder unbeholfene Striche, sie werden mit
jeder Übung besser.

Den ersten Entwurf machst du auf weißem Papier,
schnell und mit wenig Details. Um zügig zu zeichnen,
sollte deine Skizze eine vernünftige Größe haben:
groß genug, um später Details hinzufügen zu können,
und klein genug, dass du nicht ewig brauchst, um
die Zeichnung fertigzustellen. Ein A4-Papier ist normalerweise eine gute Größe für mich.

Außerdem ist wichtig, dass du nicht nur mit Konturen
arbeitest, sondern die Formen auch ausfüllst. Erst
dadurch wird sichtbar, wie leicht oder schwer ein Buchstabe wirkt und ob er zu den anderen Buchstaben passt.

Probiere verschiedene Lösungen
für eine Form

Zeichne Wörter,
keine einzelnen Buchstaben

Deine ersten Scribbles
müssen grob sein!

ZEICHNE
SCHNELL!

Konzentriere dich nicht zu sehr auf einen Buchstaben, behalte das Ganze im Blick

Sei respektlos mit der Zeichnung, ändere Dinge, die dir nicht gefallen

Skizziere auch die Verzierungen

Zeichne nicht zu groß und nicht zu klein. A4 ist eine gute Größe

Behalte die Abstände im Blick

Arbeite nicht nur mit Konturen, sondern fülle die Formen auch aus

nein K K ja!

Hey, entspanne deine Hand!

Tipps für Anfänger

Wir »Digital Natives« sind es oft nicht mehr gewohnt, mit unseren Händen zu arbeiten. Deswegen kann es sein, dass du sehr viel üben musst, um erfolgreich zu skizzieren. Aber glaube mir, auch wenn es sich am Anfang sehr ungewohnt anfühlt, irgendwann wird der Moment kommen, an dem es fließt.

Es gibt einen Fehler, den wir häufig bei den ersten Skizzen machen: Wir verlieben uns in den ersten Buchstaben, der einigermaßen okay aussieht. In solchen Momenten macht es uns nichts aus, dass das n gar nicht zu dem Rest des Wortes passt. Weil wir so viel Zeit darauf verwendet haben, es zu zeichnen, wollen wir einfach nicht wieder von ihm lassen.

Mein Rat, um dies zu vermeiden: Arbeite schnell! Skizziere so zügig wie möglich und verschwende keine Zeit (und kein Graphit) darauf, dass der Buchstabe »perfekt« aussieht. Das ist bei den ersten Zeichnungen sowieso nicht der Fall.

Diese Haltung ermöglicht dir, einen Blick auf das Gesamtbild zu behalten. Es soll dich ermutigen, auch mal eine verrückte Idee zu verfolgen. Erst dann können deine Entwürfe wirklich einzigartig werden.

Entspanne deine Hand und drücke den Stift nicht auf das Papier

Viel Druck auf den Stift macht deine Zeichnung nicht besser. Es macht nur deine Hand müde und du hast eventuell schnell keine Lust mehr. Entspanne deine Hand und genieße den Prozess.

Zeichne eher groß, aber nicht zu groß und nicht zu klein

Der Maßstab sollte so groß sein, dass du ohne Probleme an Details arbeiten kannst, und trotzdem klein genug, dass du nicht Stunden an einer Skizze sitzt.

Arbeite nicht mit Konturen

Wenn du nur Konturen zeichnest, kannst du nicht sehen, wie leicht oder schwer eine Form wirkt. Fülle die Formen aus, auch wenn es nur grob ist.

Zeichne keine einzelnen Buchstaben

Wir gestalten Wörter, nicht einzelne Buchstaben. Konzentriere dich auf das Gesamtbild und beschäftige dich erst mit Details, wenn du alle Entscheidungen für das Ganze getroffen hast.

Zeichne schnell

Wenn du weniger Zeit für jede einzelne Skizze verwendest, kannst du viele unterschiedliche Lösungen ausprobieren. Das führt zu einem besseren Ergebnis.

Gehe vom Großen zum Kleinen

Verliere dich nicht zu früh im Detail. Arbeite schnell und fokussiert darauf hin, die Komposition und die Grundformen zu finden. Gegen Ende des Prozesses kannst du langsamer werden und dir Zeit für die Details nehmen.

Gib dich nicht mit deiner ersten Zeichnung zufrieden, sei respektlos!

Die erste Skizze ist nur der Anfang und nicht wichtig! Dein Design wird viel besser werden, wenn du in dem Prozess vorangeschritten bist.

Halte das Ganze im Blick

Betrachte, während du skizzierst, stets die Gesamtform – den Blick unscharf stellen hilft.

Beachte die Abstände

Die Abstände zwischen den Buchstaben gehören auch zu deinem Gestaltungsraum. Beachte beim Zeichnen den Weißraum innerhalb und außerhalb der Buchstaben und benutze ihn als Maß für die Proportionen.

Probiere unterschiedliche Lösungen

Gehe nicht davon aus, dass es nur eine einzige Möglichkeit gibt, einen Buchstaben zu zeichnen. Lasse dir unterschiedliche Lösungen einfallen und entscheide danach, was am besten zu deinem Design passt.

Dekorative Elemente sind Teil des Ganzen

Verzierungen sind keine Zusätze, die später hinzugefügt werden. Zeichne sie gemeinsam mit den Buchstaben und plane sie in die Struktur des gesamten Entwurfs ein.

Radikale Veränderungen sind besser als kleine Anpassungen

Versuche einen komplett neuen Ansatz und beobachte, wie die Formen darauf reagieren. Überrasche dich selbst.

VERLIEBE DICH NICHT IN EINZELNE BUCHSTABEN!

Arbeit mit Ebenen

In diesem Abschnitt werde ich Schritt für Schritt das
Arbeiten mit Korrekturebenen erklären sowie Hilfe-
stellung bei der Entscheidungsfindung und Fehler-
behebung geben.

Deine erste Skizze ist gemacht. Wie zuvor erwähnt,
hast du sie hoffentlich relativ schnell erarbeitet. Schaue
nun mit einem kritischen Blick auf die Zeichnung. Dir
werden Stellen auffallen, die du nicht magst, und andere, an denen du etwas ergänzen willst. Lege nun ein
Transparentpapier auf deine erste Skizze, pause jene
Teile des Entwurfs ab, die dir schon gefallen, verändere
die anderen und ergänze Details.

Mit der nächsten Korrekturebene kannst du denselben
Prozess wiederholen. Schau zuerst, was du magst und
was du verändern möchtest, lege dann eine neue Lage
Transparentpapier über die Zeichnung und beginne
erneut zu verbessern.

Mit dieser Technik kannst du die Stellen, die dir gefallen,
beibehalten und gleichzeitig neue Lösungen ausspro-
bieren, ohne immer wieder von vorne zu beginnen oder
deine vorherige Zeichnung zu ruinieren. Das ist der
Grund, warum du respektlos mit deinen Entwürfen sein
kannst ... du hast nichts zu verlieren!

Auf den nächsten Seiten siehst du Korrekturebenen mit
Kommentaren aus dem Entwurfsprozess für das engli-
sche Cover dieses Buches.

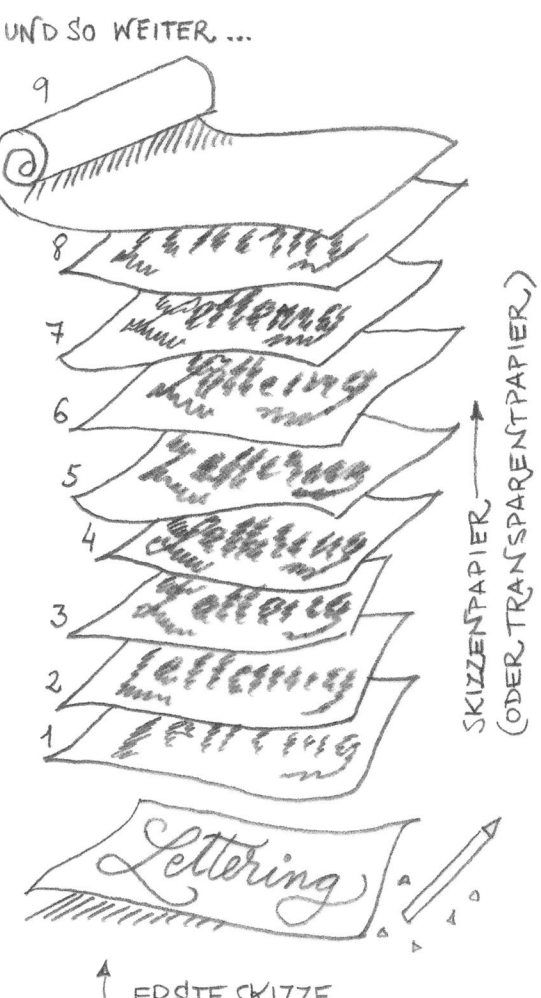

UND SO WEITER ...

9 8 7 6 5 4 3 2 1

SKIZZENPAPIER
(ODER TRANSPARENTPAPIER)

Lettering

ERSTE SKIZZE

①

DIE ERSTE SKIZZE

Diese Seite ist sehr voll, es passiert viel

Die Neigung ist zu stark

Diese beiden Zeilen haben eine unterschiedliche Neigung

THE GOLDEN SECRETS OF Lettering

Auf dieser Seite fehlt etwas, vielleicht eine Verzierung?

Die x-Höhe wird im hinteren Teil des Wortes kleiner

Gespiegelte Formen sehen immer etwas langweilig aus

②

Dieser Bogen ist mit den Bögen vom t und vom g befreundet

Eine neue Form für das L

Die Neigung ist nun überall gleich, viel besser!

THE GOLDEN SECRETS OF Lettering

Entwerfe verschiedene Varianten, wenn zwei gleiche Buchstaben nebeneinander-stehen, das sieht eleganter aus

Dieser Schwung gibt der Komposition ihre Balance und gleicht den Schnörkel vom L ganz gut aus

Ich frage mich, wie der Entwurf mit einer Breitbandfeder (im Wechselstrich) aussieht? VOILÀ:

Und wie wär's mit einem leichten Schatten unter den Buchstaben?

③

Ich probiere noch eine andere Verzierung

THE GOLDEN SECRETS *Lettering*

Die x-Höhe ist jetzt niedriger als vorher

»Lettering« sieht jetzt etwas steif und altmodisch aus

Zurück zum Schwellzug

Wenn du einen Wechselstrich ausprobieren möchtest, dann schraffiere immer in der gleichen Breite, so wird der Kontrast der Buchstaben gleichmäßig

AUFWÄRTS = DÜNNER STRICH

ABWÄRTS = DICKER STRICH

THE GOLDEN SECRETS of *Lettering*

④

Wenn das n eine Schlaufe hat, dann könnte das g auch eine haben

N G

Ligatur, yeah!

NEUES E

Der Versuch eines runderen Abschlusses

Anfangsbuchstaben bieten eine gute Chance für wilde Verzierungen, ohne die Lesbarkeit einzuschränken. Sie können extravagant und überdimensional sein

Die Ellipsen in den Schwüngen sollten einheitlicher sein

⑤

Experimentiere und schau,
wie dein Entwurf auf
radikale Veränderung
reagiert

→ Ich habe die Formen
vereinfacht, um Platz
für breitere Striche
zu schaffen

→ »Lettering« ist viel
fetter geworden

Wie wäre es, wenn ich »Golden Secrets«
von hier mit dem »Lettering« von da
Kombiniere?

⑥

Cool! Das bewirkt
einen schönen
Kontrast zwischen
den beiden Teilen

Die Neigung ist
jetzt etwas schwächer

→ Die Breite der
Striche soll optisch
gleich aussehen.
Vergleiche
die Striche
des i und
des n

neues e

Spitzere
Strichenden

Übersicht über den Skizzierprozess

Auf dieser Seite findest du eine Übersicht über den kompletten Entwurfsprozess eines Schriftzuges. Angefangen mit den kleinen Fünf-Zentimeter-Scribbles bis hin zur ausgearbeiteten Zeichnung.

Die Prozesse können von Projekt zu Projekt unterschiedlich sein, manche benötigen mehr, andere weniger Schritte. Während die ersten Scribbles roh und schnell sind, werden die Zeichnungen gegen Ende feiner und detailreicher und brauchen etwas mehr Zeit.

Ebene sechs scheint ein guter Punkt, um jetzt digital weiterzuarbeiten. Warum? Weil es wirkt, als hätte ich eine passende Antwort für die Aufgabenstellung gefunden. Oder zumindest denke ich das in diesem Moment.

SCRIBBLES →

Die kleinen Fünf-Zentimeter-Scribbles bestimmen die Gesamterscheinung der Komposition, definieren eventuell den Stil der Buchstaben und zeigen, wie das Ganze auf dem Blatt sitzen wird.

DRITTE EBENE →

Ein anderer kalligrafischer Stil für die Buchstabenformen. Und neue, entspanntere dekorative Elemente sowie Schatten.

VIERTE EBENE →

Zurück zum Prinzip des Schwellstrichs. Weitere Versuche mit der Form des kleinen e und des Versal-L.

ERSTE EBENE

Vergrößerung des besten Scribbles. Wähle dafür ein Format, das groß genug ist, um auch Details zeichnen zu können, und klein genug, um sich nicht in ihnen zu verlieren. A4 ist normalerweise für die Skizzen ausreichend.

ZWEITE EBENE

Die erste Lage des Transparentpapiers. Definition einer einheitlichen Neigung der Grundlinie und Verbesserung des Gleichgewichts der Komposition. Varianten für gleiche Buchstaben ausprobieren.

FÜNFTE EBENE

Noch ein Versuch: Radikale Veränderung der Strichstärke des Wortes »Lettering«. Das zwingt mich, einfachere Buchstabenformen zu zeichnen.

SECHSTE EBENE

Eine Kombination der Bandzugfeder von Ebene drei für »Golden Secrets« und Ebene vier für »Lettering«. Sind die meisten Probleme gelöst? Dann kannst du die Skizze einscannen und digital weiterarbeiten.

Kapitel 8

- Digitales Zeichnen
- Mit Extrempunkten arbeiten

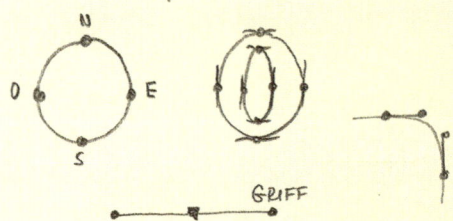

- Digitalisieren der Skizze

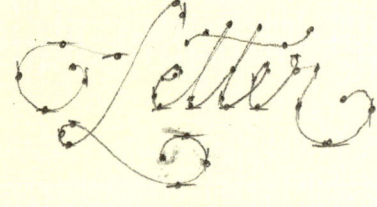

8

ANALOG zu DIGITAL

Von Ankern und Vektoren

Digitales Zeichnen

Du hast nun dein vorläufiges Ergebnis. Wir werden es als Basis für die digitale Zeichnung benutzen.

Scanne deinen Entwurf. Da ich gerne ein digitales Back-up meiner Skizzen behalte, scanne ich meist mit 600-dpi-Auflösung. Eine Auflösung von 300 dpi reicht jedoch völlig aus.

Sobald du deine Zeichnung als digitales Dokument vorliegen hast, erstelle mit einem Vektorgrafikprogramm deiner Wahl ein Dokument mit den gleichen Maßen. Importiere das Bild als Hintergrundebene und erzeuge darüber eine weitere Ebene. Hier wirst du mit der digitalen Zeichnung beginnen.

Anfangs fühlt sich das Zeichnen in der digitalen Umgebung an, als würden wir auf dem Mond laufen: alles dauert viel länger. Warum? Weil die Linien und Bögen nun viel akkurater sind und dadurch fehlerhafte Formen viel mehr auffallen.

Obwohl wir beim Digitalisieren noch kleine Entscheidungen treffen und Veränderungen vornehmen können, sollten die Hauptfragen vorher auf dem Papier beantwortet werden. Wenn du etwas Grundlegendes verändern oder Verzierungen hinzufügen möchtest, benutze Stift und Papier.

Wenn wir vom Papier zum Bildschirm wechseln, verwandeln wir unsere handgezeichneten Linien in Pfade (oder Vektoren). Es gibt dafür unterschiedliche Software. Benutze das Programm, mit dem du am besten arbeiten kannst. Ausschlaggebend ist nicht, wie viele Effekte das Programm bereithält, sondern wie effektiv und benutzerfreundlich die Zeichenwerkzeuge sind. Die vielen »Super-duper-Effekte«, die im Angebot sind, können für Lettering-Anfänger eine große Verführung darstellen. Am besten, du lässt erstmal die Finger davon und nutzt nur die grundlegenden Funktionen.

Um eine saubere digitale Zeichnung mit klar definierten Formen zu erschaffen, arbeiten wir mit Vektoren. Vektorgrafiken werden durch mathematische Gleichungen definiert, die die Position der Punkte zueinander berechnen. Das funktioniert ein bisschen wie »Malen nach Zahlen«, die Formen entstehen durch die Verbindung zwischen den Punkten.

Du brauchst:

✓ *Einen Computer, auf dem ein vektorbasiertes Zeichenprogramm installiert ist*

✓ *Scanner (ein Foto mit deinem Smartphone geht auch)*

✓ *Kopierpapier und einen Drucker*

Cover für Walker Books.
ad: María Soler Canton

Logotype Back Bord.
ad: Bettina Knoth

Ich benutze folgende Software

GLYPHS:
Eigentlich ein Fonteditor, aber auch ein
gutes Werkzeug zum Zeichnen von Buchstaben.
Praktisch für typografische Logogestaltung
und schwarz-weiße Buchstabenzeichnungen

ADOBE ILLUSTRATOR:
Ein Vektorzeichenprogramm,
super für farbenfrohe Bilder, sehr praktisch
in der Handhabung von Texturen und Farben

Mit Extrempunkten arbeiten

Der Schlüssel zum digitalen Formenzeichnen ist die Arbeit mit Extrempunkten. Mit ihnen reduzieren wir die Anzahl der Vektorpunkte (auch Bezier- oder Ankerpunkt genannt) auf ein Minimum. Auch unser Arbeitsaufwand wird dadurch reduziert. Das Prinzip ist recht einfach: Weniger Punkte = weniger Arbeit.

Die Extrempunkte sitzen an den horizontalen oder vertikalen Tangenten unserer Formen, also an den Extrempunkten in der jeweiligen Himmelsrichtung.

Natürlich sind die meisten Formen komplexer als ein einfacher Kreis und du wirst einige Ankerpunkte brauchen, um die Form zu beschreiben.

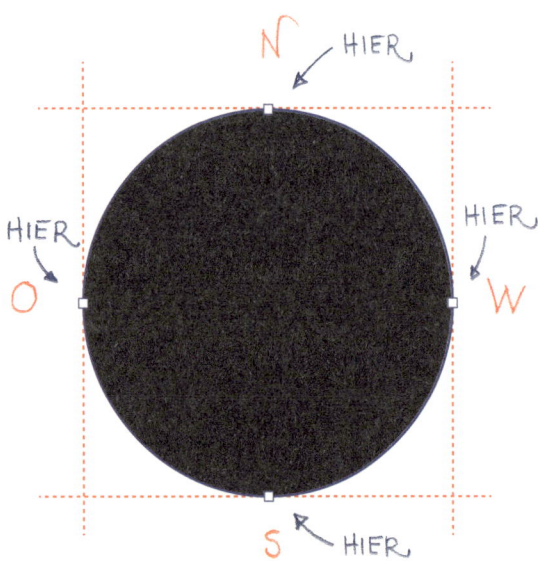

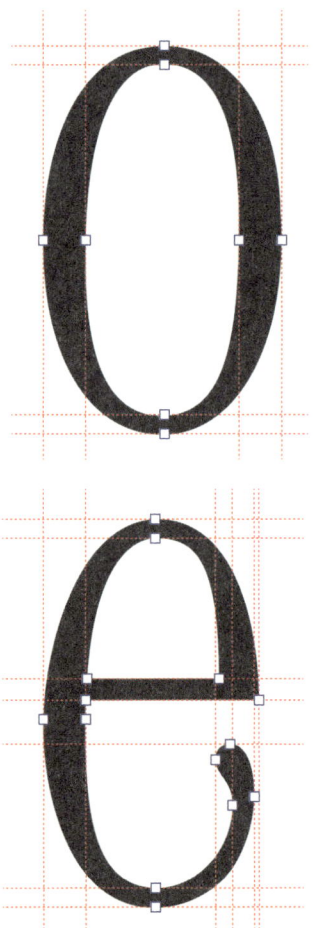

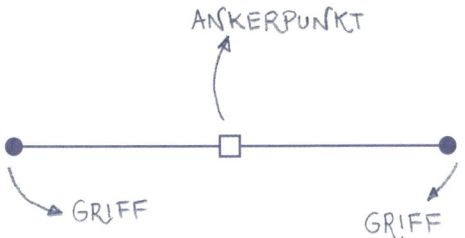

Ankerpunkte werden auch Kontrollpunkte genannt, da sie die Formen kontrollieren. Verschiebt man einen Griff oder einen Punkt, so wirkt sich das direkt auf die Form der anliegenden Segmente aus.

Vektorpunkte bestehen aus drei Elementen: dem mittleren Ankerpunkt und zwei Griffpunkten. Der Ankerpunkt hält die beiden Griffpunkte zusammen. Alles zwischen zwei Ankerpunkten nennt man Segment. Es gibt unterschiedliche Arten: Gerade Segmente bestehen nur aus zwei Ankerpunkten. Kurven bekommen zusätzlich die Griffe, mit denen man die Radien der Kurven variieren kann.

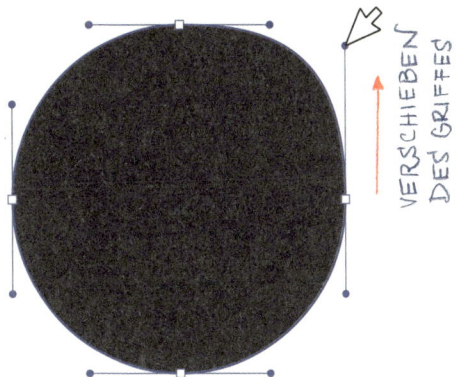

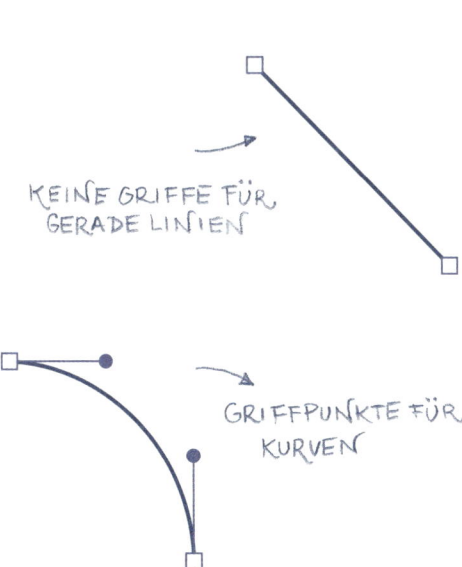

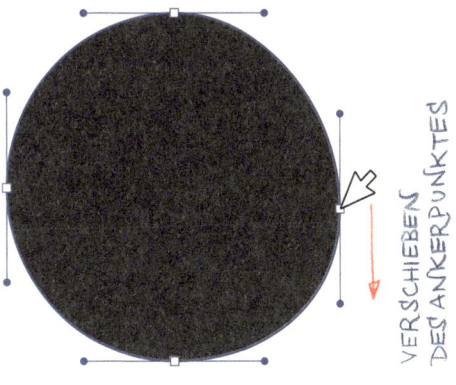

Im Allgemeinen sollten die Griffe nicht diagonal, sondern auf der horizontalen oder vertikalen Achse liegen. Das erleichtert den Umgang mit den Griffen und hilft, unnötige Punkte zu vermeiden.

Eine Kurve wird durch das Verhältnis der Positionen der Anker und die Länge der Griffe bestimmt. Je näher die Ankerpunkte beieinander liegen, desto enger die Kurve. Um eine harmonische Kurve zu erzeugen, sollten sich die beiden Griffe die Arbeit teilen – also ungefähr die gleiche Länge haben. Genauso sollte der eine Griffpunkt nicht über den anderen hinausragen.

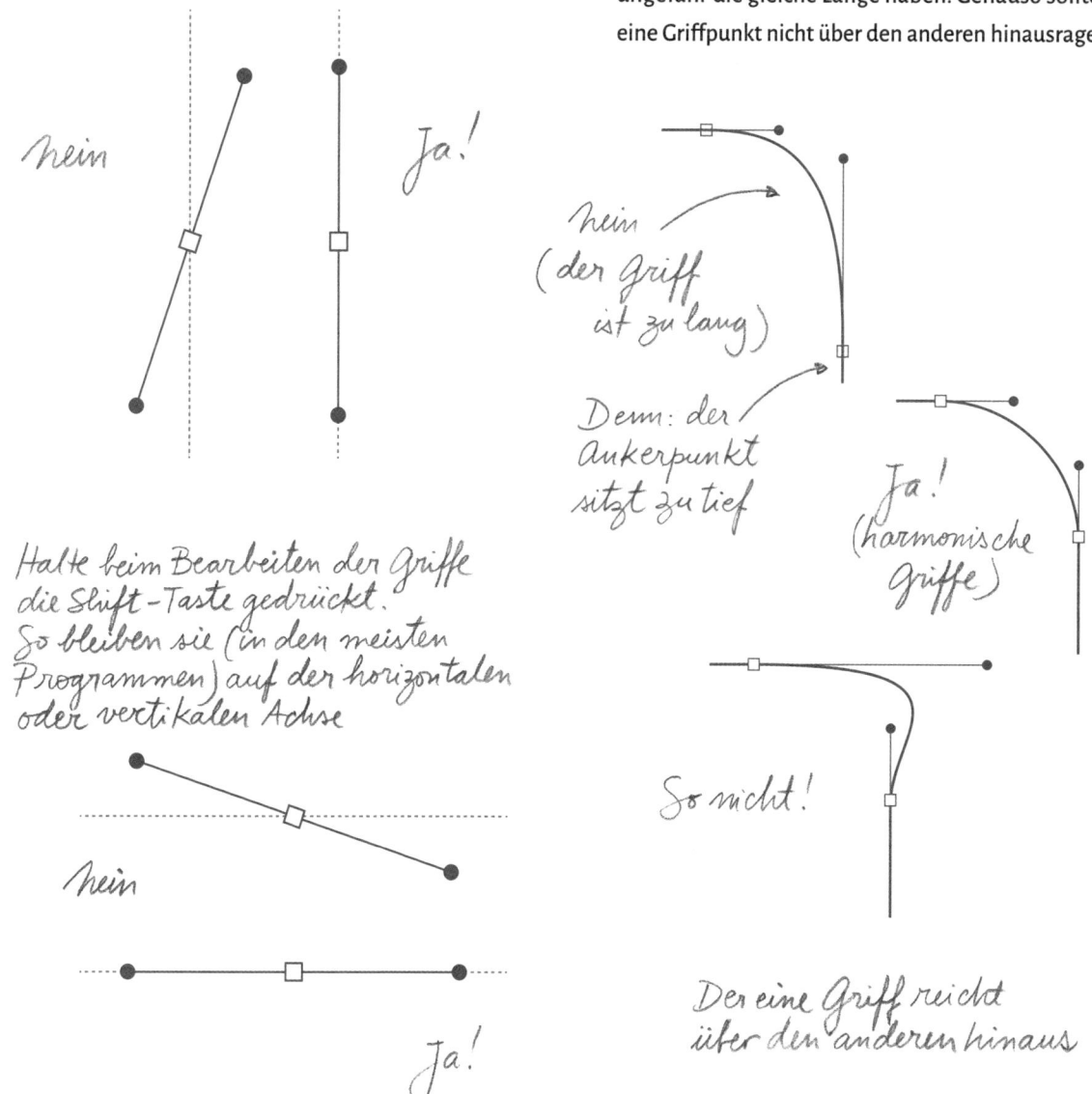

nein

Ja!

nein
(der Griff
ist zu lang)

Denn: der
Ankerpunkt
sitzt zu tief

Ja!
(harmonische
Griffe)

So nicht!

Halte beim Bearbeiten der Griffe die Shift-Taste gedrückt. So bleiben sie (in den meisten Programmen) auf der horizontalen oder vertikalen Achse

nein

Ja!

Der eine Griff reicht über den anderen hinaus

Wenn dies doch der Fall ist, sitzt wahrscheinlich der Ankerpunkt an der falschen Stelle. Denn obwohl Griffe eine wichtige Rolle spielen, ist vor allem die Position der Anker entscheidend. Unsere Aufgabe (und Herausforderung) ist es, das Gleichgewicht zwischen Ankerpositionen und Grifflängen zu finden. Wenn die Form keine Kurven hat, werden auch keine Griffe benötigt.

Auch wenn die Arbeit mit Vektoren auf den ersten Blick komplex erscheint, ist die Logik dahinter mit etwas Übung schnell verständlich und schon bald können die Vektoren deine besten Freunde werden.

NAH BEIEINANDER
STEHENDE ANKERPUNKTE
=
ENGER KURVENRADIUS

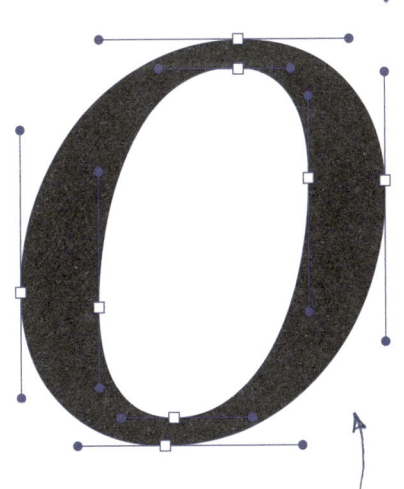

WEITER AUSEINANDER-
STEHENDE ANKERPUNKTE
=
WEICHERE KURVE

Widerstehe der Versuchung, die »Auto Trace«- oder »Abpausen«-Funktion zu verwenden. Das verwandelt deine Zeichnung in tausende Ankerpunkte, deren Bearbeitung eine Ewigkeit brauchen würde.

AUTO-TRACE: EXTREM-PUNKTE:

nein, zu viele
Ankerpunkte   Ja!

Digitalisieren der Skizze

Beim digitalen Zeichnen verbessern und verfeinern wir die Formen unserer Bleistiftzeichnung. Wir suchen nach der »perfekten Kurve«, indem wir die Positionen der Anker und Griffe setzen und immer wieder verbessern. Es ist eine handwerklich-künstlerische Arbeit in einer digitalen Umgebung.

Beginne also damit, in der Zeichensoftware die Extrempunkte deiner Skizze zu bestimmen und dort die Ankerpunkte zu setzen. Denke daran, dass es umso besser und einfacher ist, je weniger Punkte du setzt.

Behalte deine Handzeichnung sichtbar im Hintergrund und setze die Ankerpunkte auf die darüber liegende erste Ebene. Im Zeichenprogramm kannst du, genauso wie bei der Skizziertechnik mit der Hand, mit Korrekturebenen arbeiten. Erstelle eine Kopie der aktuellen Ebene und zeichne weiter. So kannst du deinen Fortschritt sehen und Ergebnisse vergleichen. Gleichzeitig speicherst du dadurch deine vorherigen Schritte und kannst einfacher zu ihnen zurückkehren.

Wir digitalisieren jeden Strich bzw. jede Buchstabenform einzeln. Warum das sinnvoll ist, erfährst du auf der nächsten Doppelseite.

Dieses Symbol steht für das Werkzeug, mit dem du Ankerpunkte bearbeiten und verschieben kannst

DEN SECRETS of

ttering

Dieses Symbol steht für das Vektor-Zeichenwerkzeug, mit dem du Ankerpunkte hinzufügen kannst

Arbeite mit der ausgefüllten
Form, nicht nur mit der Kontur

Bei der Digitalisierung belassen wir die Formen in Einzel-
teilen. Wenn du jeden Strich als einzelne Vektorform
vorliegen hast, kannst du ihn einfach bewegen, die Form
modifizieren und Abstände verändern.

Einzelne Vektorformen
erlauben schnelle
Korrekturen

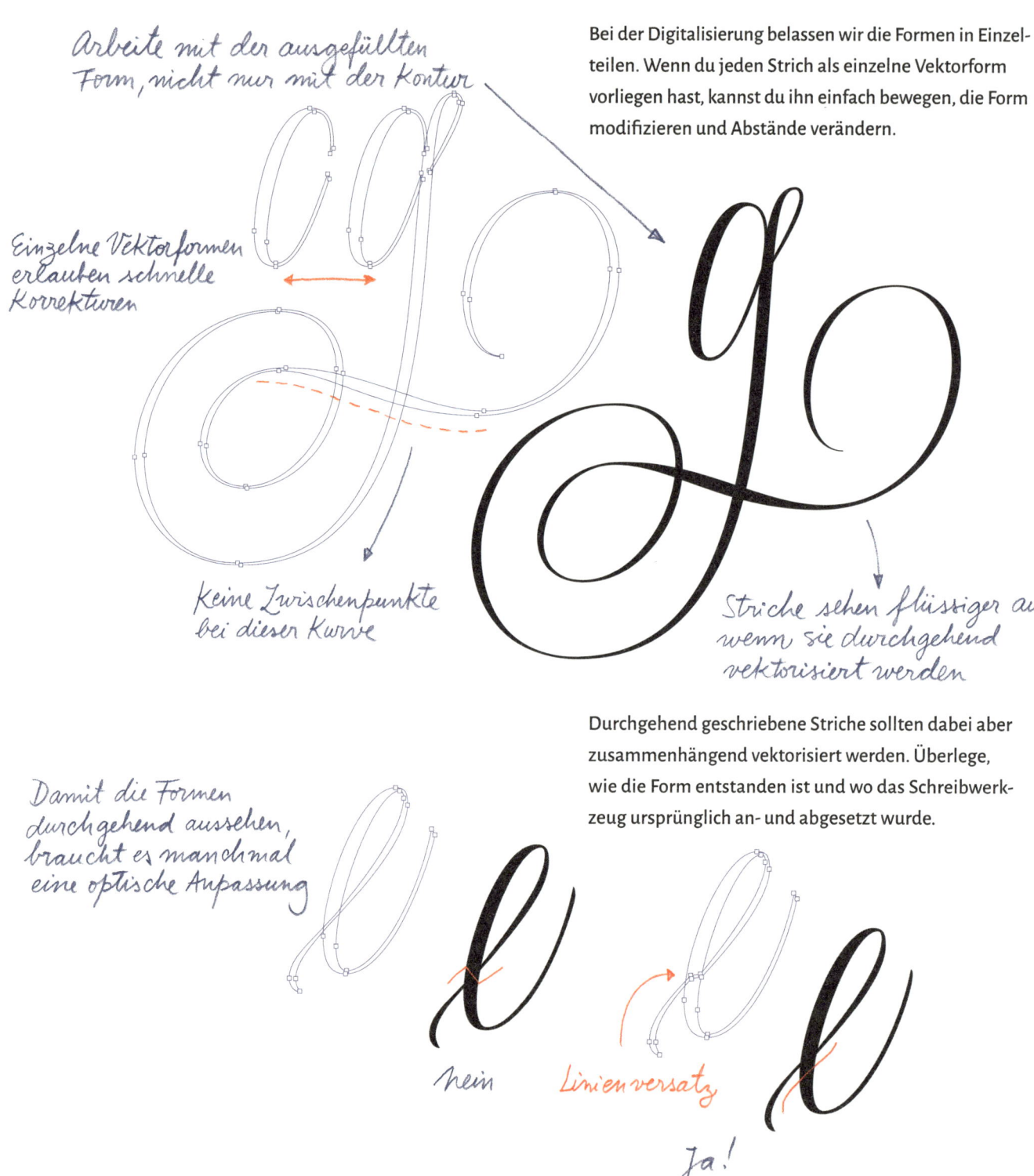

Keine Zwischenpunkte
bei dieser Kurve

Striche sehen flüssiger aus,
wenn sie durchgehend
vektorisiert werden

Durchgehend geschriebene Striche sollten dabei aber
zusammenhängend vektorisiert werden. Überlege,
wie die Form entstanden ist und wo das Schreibwerk-
zeug ursprünglich an- und abgesetzt wurde.

Damit die Formen
durchgehend aussehen,
braucht es manchmal
eine optische Anpassung

nein

Linienversatz

ja!

Miteinander verbundene Buchstaben, beispielsweise bei einer Schreibschrift, sollten in der Vektorform separat bleiben. Dadurch erhältst du klarere Formen, weniger Ankerpunkte und außerdem lassen sich die Buchstabenabstände leichter korrigieren.

Separate Buchstabenformen erlauben schnelle Korrekturen der Abstände

SEPARATE FORMEN: 79 PUNKTE

MITEINANDER VERSCHMOLZENE FORMEN: 100 PUNKTE *(mehr Punkte bedeutet mehr Arbeit)*

Verschmolzene Überkreuzungen verursachen vier zusätzliche Punkte.

Der Digitalisierungsprozess ist von Projekt zu Projekt unterschiedlich aufwändig, mal brauchen wir mehr und mal weniger Zwischenschritte. Es ist sinnvoll für den Arbeitsprozess, die Arbeit von Zeit zu Zeit auszudrucken. Liegt der Papierausdruck auf dem Schreibtisch, können wir die Formen besser beurteilen als am Bildschirm. Wir notieren uns die »Problemstellen« und skizzieren die Lösungen. Dann haben wir einen Fahrplan für die nächsten digitalen Schritte.

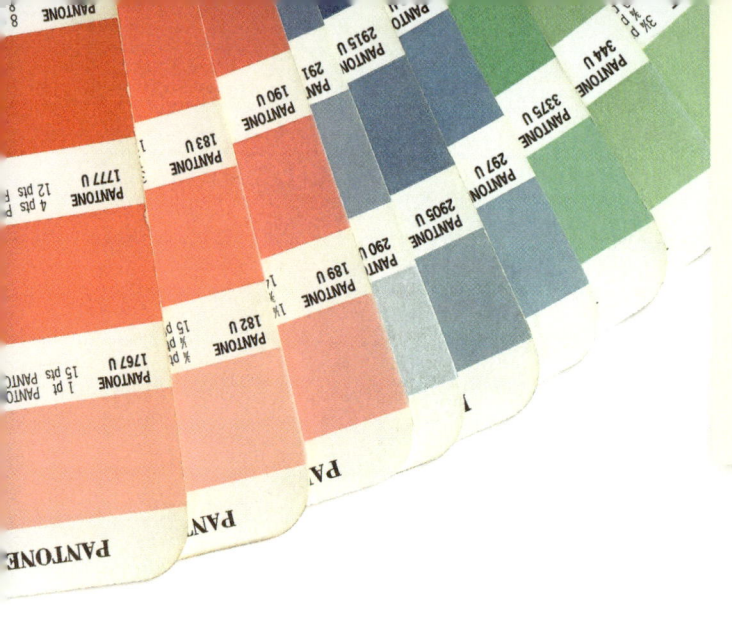

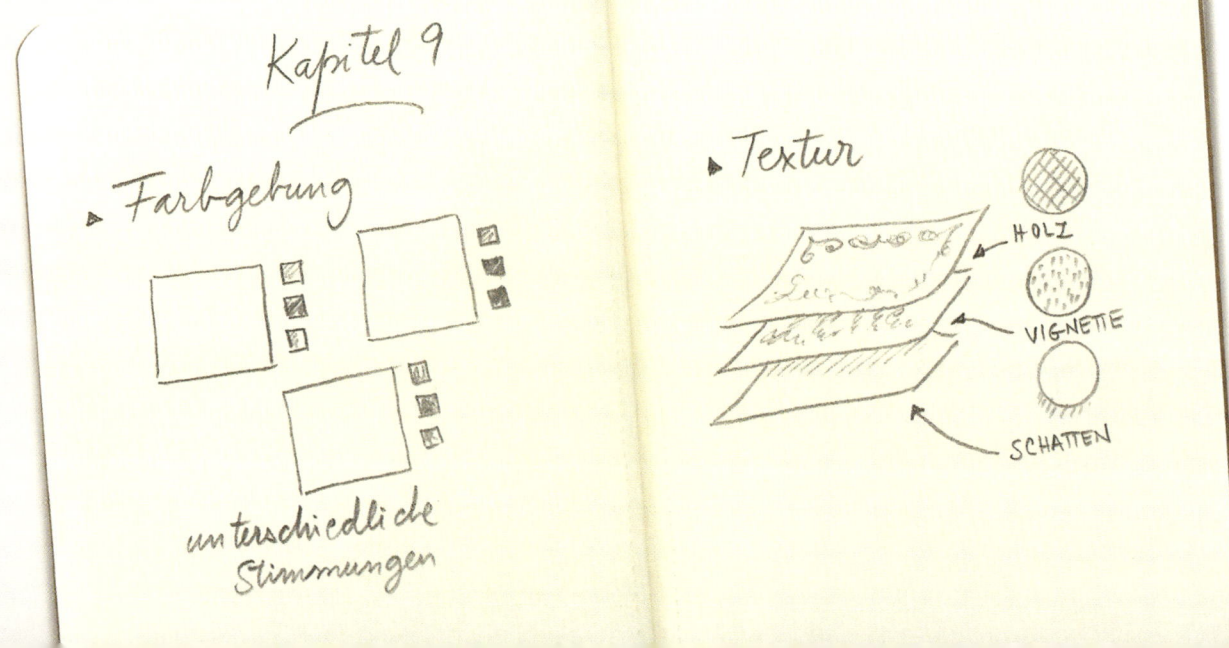

Kapitel 9

▸ Farbgebung

unterschiedliche
Stimmungen

▸ Textur

HOLZ

VIGNETTE

SCHATTEN

9

Der letzte Schliff

Von Farben und Texturen

Farbgebung

Mit Vektoren können wir sehr klare und feine Buchstaben zeichnen, denn sie sind ein sehr präzise arbeitendes Werkzeug. Die verwendete Technik hat aber einen sichtbaren Einfluss auf die Zeichnung. Um die entstehende »digitale Wirkung« abzuschwächen, können wir Texturen und Farben benutzen und so einen haptischen Eindruck hinzufügen.

Leider heißt das, dass wir mit ein paar Tricks und Effekten sowohl schlechtes als auch gutes Lettering verstecken können. Es passiert häufig, dass Lettering-Designer den Effekten der Programme verfallen.

Titelseite für Net Magazine. ad: Rebecca Shaw

Deswegen sollte unser Fokus immer zuerst auf der Perfektionierung der Buchstabenformen liegen und nicht so schnell auf der Abschlussphase.

Zur Fertigstellung des Projekts nutzen wir wieder Ebenen, in denen Strukturen, Schatten, Formen, dekorative Elemente und Farbe übereinanderliegen.

Wenn du deiner Arbeit den letzten Schliff gibst, behalte immer im Kopf, dass die Buchstabenformen selbst die Hauptfiguren deiner Arbeit sind – sie sollen glänzen!

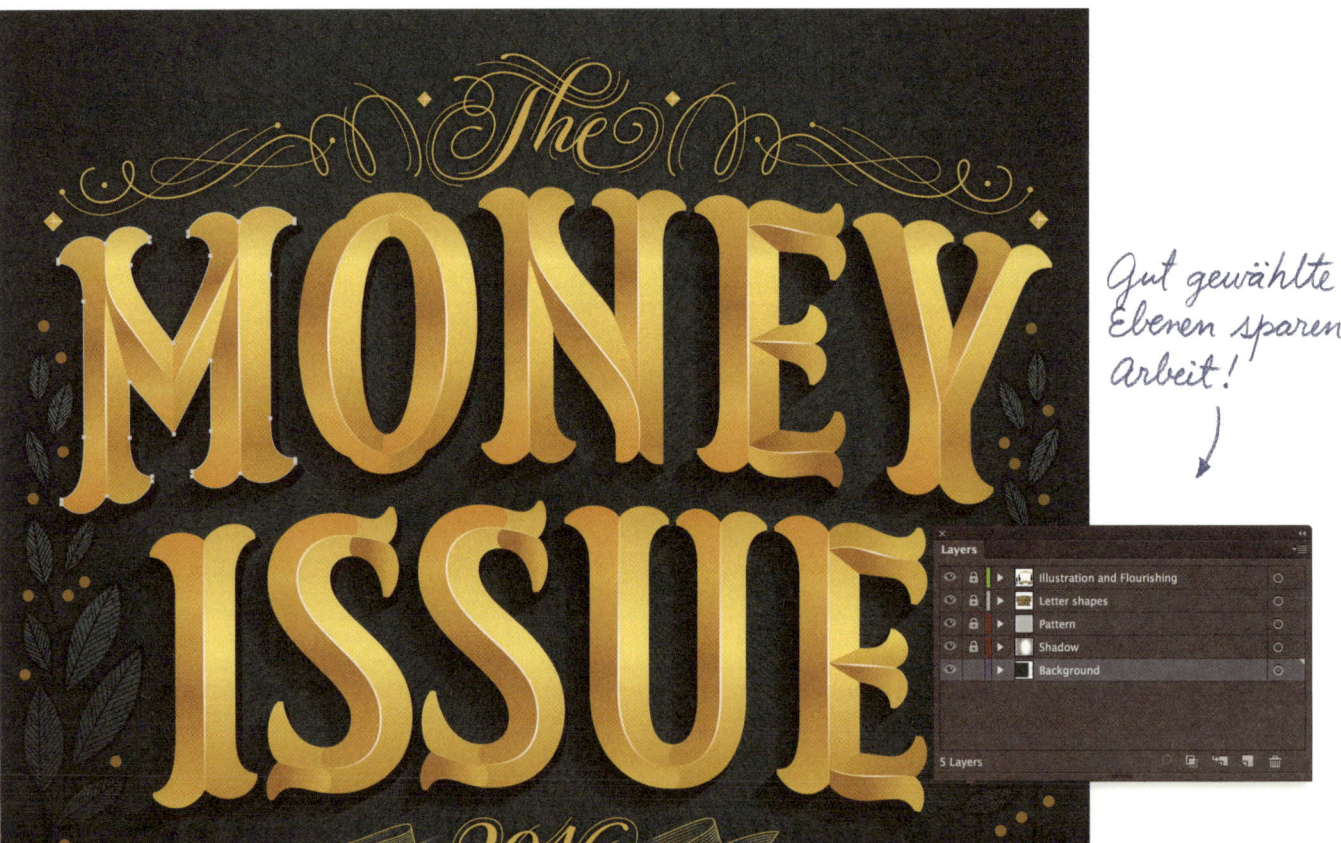

Gut gewählte Ebenen sparen Arbeit!

Bei der Farbwahl für deine Zeichnung geht es nicht darum, Farben zu verwenden, die du besonders magst oder die gut zueinander passen. Die Farbe sollte die Botschaft begleiten und die Atmosphäre unterstützen. Die Farbwahl wird auch davon beeinflusst, wie viel Kontrast die Arbeit braucht, was hervortreten und was im Hintergrund bleiben soll.

Farbe ist ein weites Thema und wichtig für die kreative Arbeit eines jeden Designers, Künstlers oder Illustrators. Es gibt viele gute Bücher über Farbtheorie und ich versuche nicht, an sie heranzureichen. Ich möchte nur über allgemeine Aspekte sprechen und Inspirationsquellen benennen, um gute Farbkombinationen zu finden. Um die Farben festzulegen, vergegenwärtige ich mir, was das jeweilige Lettering-Werk bewirken und welche Atmosphäre vermittelt werden soll. So kann ich die Suche nach Inspiration eingrenzen.

Im Lettering, in der Illustration und auch in anderen Künsten werden Farbensets benutzt, um eine bestimmte Stimmung hervorzurufen. In Filmen ist es oft einfach, das Farbschema zu erkennen: Farbkombinationen entstehen hier keinesfalls willkürlich, sie werden sorgfältig vom Regisseur bestimmt.

Für den Anfang schlage ich vor, du fängst mit einer einfachen Kombination aus zwei oder drei Farben an. Auch wenn dies erst sehr beschränkt scheint, ergeben sich dadurch schon viele Kombinationsmöglichkeiten für dein Lettering.

Dramatischer Sonnenuntergang vor meinem Studiofenster

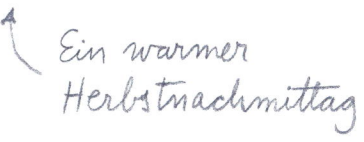

Ein warmer Herbstnachmittag

Die Wirkung der Farbkombination hängt davon ab, wie sie angewendet wird. Je nachdem, für welches Element wir eine Farbe einsetzen, können sehr unterschiedliche Ergebnisse entstehen. Die gewählte Farbe bestimmt auch den Kontrast – und ob ein Bild flackert oder eher ruhig wirkt.

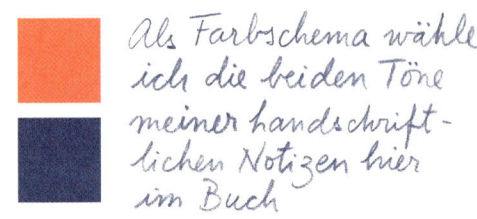

Als Farbschema wähle ich die beiden Töne meiner handschriftlichen Notizen hier im Buch

Suche die Farbstellung, die am besten funktioniert. Probiere immer verschiedene Möglichkeiten aus

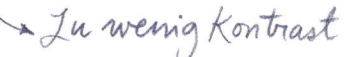

↘ Zu wenig Kontrast

↘ Das flimmert!

↘ Der Hintergrund »frisst« die Buchstaben

↘ So passt's!

Ein helles Grau, grad noch erkennbar vor dem weißen Hintergrund, gibt den Buchstaben Volumen

Da das Rot heller wirkt als das Blau, steht der Text im Hintergrund

Ein bisschen Blau in den Deko-Elementen will ich schon noch haben

The GOLDEN SECRETS of *Lettering*

Das Wort »Lettering« wirkt dunkler und setzt sich von Weitem deutlicher durch

Schwarz-Weiß-Umsetzung, »Lettering« steht noch deutlicher im Vordergrund

Strukturen hinzufügen

Jedes Objekt in der echten Welt hat eine Oberflächen-
struktur, die uns hilft, Dinge voneinander zu unterscheiden. Durch das digitale Lettering gelangen wir zu
präzisen und wohlgeformten Buchstaben. Die Technik hat jedoch auch eine Kehrseite: Die über Vektoren
erzeugten Formen sehen meistens sehr glatt und
»digital« aus.

Um diesem flachen, homogenen und kalten Eindruck
etwas entgegenzusetzen, fügen wir Texturen hinzu.
Dafür können wir alles verwenden, was natürlich wir-
kende Unregelmäßigkeiten oder Rauschen erzeugt.
Es macht unsere Arbeit haptischer oder dreidimensionaler, je nachdem, was wir erreichen wollen. Mit
einer Textur sieht unsere digitale Zeichnung nicht mehr
so glatt aus und passt besser in die echte Welt.

OHNE TEXTUR   MIT TEXTUR

Filmkörnungstextur nur im
Hintergrund und im Schatten

OHNE TEXTUR   MIT TEXTUR

Dezente Kopiertextur nur im
Hintergrund und Farbspritzer
in den Buchstaben

Wir können aus den meisten Dingen unserer Umgebung eine Textur erzeugen. Natürlich müssen wir als Schöpfer des Kunstwerks entscheiden, was zu unserer Gestaltung passt.

Erstelle dir eine kleine Bibliothek mit Texturen, das geht recht einfach und ist praktisch für die Arbeit. Scanne dafür Oberflächen mit unterschiedlichen Eigenschaften aus Stoff oder Papier für dezente Hintergründe. Oder fotografiere Oberflächen (am besten mit Streiflicht) und bearbeite den Kontrast der Fotos, sodass du sie als Textur verwenden kannst.

Die meisten meiner Texturen speichere ich nur schwarz-weiß, so kann ich die Farbigkeit später frei wählen. Einige basieren auf Fotos alter Papiere, von Oberflächen oder Materialien. Andere entstehen direkt durch Scans

Die Strukturen sind digital bearbeitet (Kontrast verstärkt, Farbe verändert)

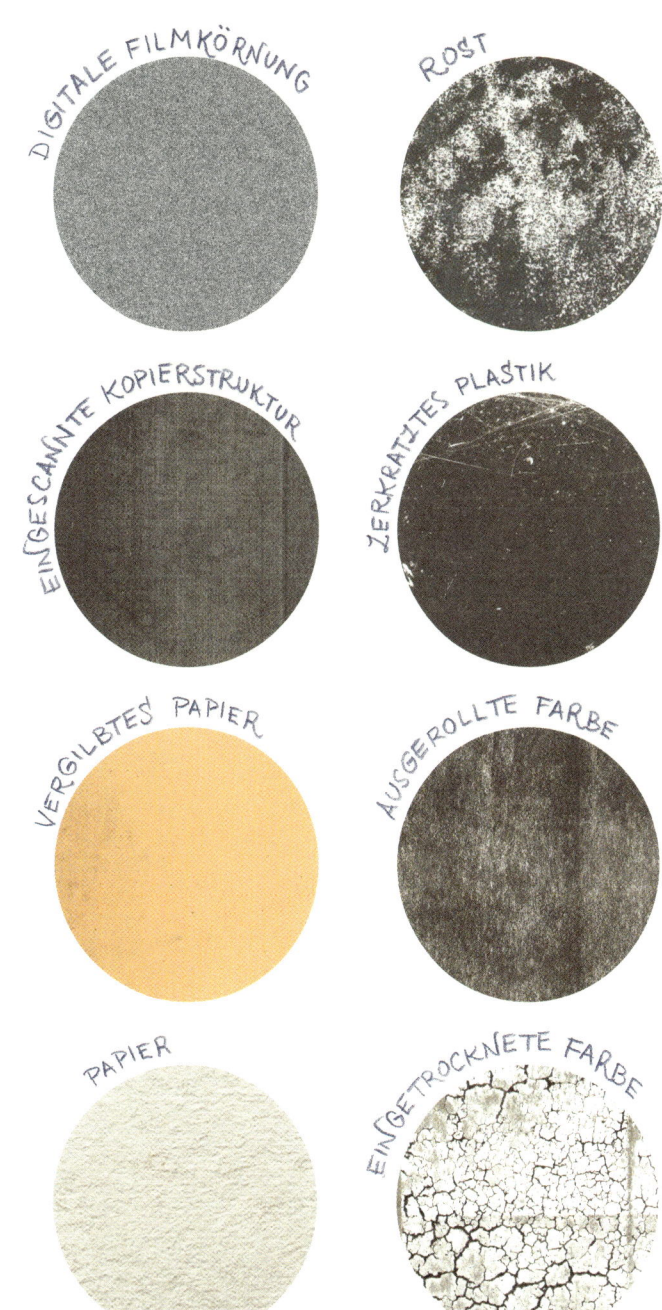

DIGITALE FILMKÖRNUNG

ROST

EINGESCANNTE KOPIERSTRUKTUR

ZERKRATZTES PLASTIK

VERGILBTES PAPIER

AUSGEROLLTE FARBE

PAPIER

EINGETROCKNETE FARBE

Auch für die Gestaltung mit Texturen ist es hilfreich, mit unterschiedlichen Ebenen zu arbeiten. Dadurch kannst du die Effekte gezielt auf einzelne Bereiche anwenden. Lege beispielsweise eine Holzstruktur in den Hintergrund, eine Fotokopie-Textur auf die Buchstaben und die Struktur eines alten Papiers über alles.

OHNE TEXTUR

Da Texturen das Gesamtbild dichter und dunkler werden lassen, musst du die Farbigkeit, Sättigung und Transparenzen des Bildes anpassen. Es gibt hier keine Regeln, probiere ein paar Varianten und schaue, was funktioniert und was nicht.

Digitale Schatten und Verläufe können helfen, der Arbeit zusätzliche Struktur zu geben. Allerdings liegt zwischen einem guten und einem missglückten Schatten nur ein schmaler Grat. Die Faustformel lautet: Je weniger man sie wahrnimmt, umso besser!

Mach' dir bewusst, dass nicht alle deine Lettering-Arbeiten den gleichen Aufwand an Texturen brauchen, und manche vielleicht ohne besser aussehen! Texturen sind nur ein weiteres Werkzeug, das man mal einsetzen kann und mal nicht.

MIT TEXTUR

VERLAUF

Verläufe bewirken eine Schattierung auf dem Buchstabenkörper. Achte drauf, wo das Licht herkommt!

FILMKÖRNUNG

Filmkörnungstextur im Schatten

SCHLAGSCHATTEN

Ein Schlagschatten hilft, den Kontrast zwischen Buchstaben und Hintergrund zu erhöhen

VIGNETTE

Dieser Effekt oder Verlauf verhindert, dass der Hintergrund platt wirkt. Zum Rand hin wird er dunkler

Digitale Schlagschatten und Verläufe immer nur dezent einsetzen!

PAPIER

Eine zarte Papierstruktur für den Hintergrund. Man sieht sie kaum, aber kann sie »fühlen«

Kapitel 10

- Arbeit eines Lettering-Designers
- Der eigene Kunde sein
- Deine Arbeit präsentieren

Brauchst du einen Agenten?

Was ist deine Arbeit wert?

Die eigene Webseite

- Tipps für einen professionellen Arbeitsprozess

Briefing

Ideen mit dem Kunden abstimmen

Umgang mit Feedback

Digitale Zeichnungen

Das Ergebnis

Zeitplanung

Besser werden

- Checkliste für gutes Lettering-Design

10

WORK IN PROGRESS

Auf dem Weg zum Lettering-Profi

Die Arbeit eines Lettering-Designers

Das Berufsfeld des Lettering-Designers befindet sich im Spannungsfeld zwischen Kunst und Design. Es bedarf der systematischen Herangehensweise des Designers ebenso wie des genauen Blicks für Formen, den der bildende Künstler kultiviert.

Je nach Auftrag befindet sich das Lettering mal eher im Bereich der Kunst und mal näher am Design. Es hängt davon ab, ob es ein kommerzieller Auftrag oder ein persönliches Projekt ist und ob der Kunde dich »als Künstler« nach deinem persönlichen Ausdruck fragt oder darum bittet, eine bestimmte Botschaft zu kommunizieren.

Die Arbeit des Lettering-Designers ist vergleichbar mit der eines Illustrators. Sie besteht darin, einen Inhalt zu interpretieren und ihn in ein Bild zu übersetzen.

Für Lettering-Designer gibt es verschiedene Einkommensmöglichkeiten. Du kannst für Kunden oder Agenturen arbeiten, du kannst deine Arbeiten in einem Shop oder in Kunstgalerien verkaufen oder Produkte produzieren und durch ihre Lizenzen verdienen. Du kannst dich auf eine dieser Möglichkeiten spezialisieren oder sie miteinander kombinieren.

Ich für meinen Teil mag es, kommerzielle Arbeit zu machen. Oft heißt dies, mit einem Artdirector oder Redakteur zusammenzuarbeiten, was mir enorm hilft, gute Ergebnisse zu produzieren. Ich mag es auch, meine Arbeiten in der Öffentlichkeit zu sehen. Es ist schön, ein von mir gestaltetes Cover am Kiosk zu sehen oder in meinem Lieblings-Buchladen zu entdecken.

Lettering-Aufträge haben oft sehr unterschiedlichen Umfang, sind aber meist Projekte, die rasch abgewickelt werden müssen. Auch der Wirkungskreis des Auftrags und damit die Herangehensweise kann sehr stark variieren.

Auf dieser Seite siehst du mögliche Aufgabenfelder für Lettering-Design und die jeweiligen Eigenheiten der Aufgaben.

Magazine und Zeitungen

COVER

Auftrag: Der Entwurf eines Schriftzugs für eine Schlagzeile oder in Kombination mit einer Abbildung. Wenn du Glück hast, für das komplette Titelbild.

Herausforderung: Mit Gestaltungsvorgaben arbeiten, z. B. mit dem Zeitungskopf oder mit Barcodes.

BEITRÄGE

Auftrag: Der Entwurf von Illustrationen für einen Beitrag.

Herausforderung: Mit den verschiedenen Formatierungen des Textes arbeiten. Eine passende Anmutung zum Inhalt des Beitrags finden.

KAPITEL-AUFTAKT

Auftrag: Dein Lettering eröffnet den Beitrag.

Herausforderung: Es gibt wahrscheinlich wenig Beschränkungen, dein Lettering ist der Star des Artikels und sollte entsprechend aussehen.

ÜBERSCHRIFTEN

Auftrag: Der Entwurf einer Überschrift, die den Text illustriert.

Herausforderung: Wahrscheinlich ist ein Teil der Seite für die Überschrift reserviert. Das Lettering sollte den Inhalt des Textes aufgreifen.

Logos

Auftrag: Die Entwicklung eines typografischen Erscheinungsbildes, das an unterschiedlichen Stellen einsetzbar ist. Oft wird eine farbige sowie eine schwarz-weiße Variante benötigt und das Logo sollte in verschiedenen Größen anwendbar sein.

Herausforderung: Das Logo optisch an die verschiedenen Größen anpassen.

Buchcover

Auftrag: Mit Hilfe des Lettering Inhalt des Buches übermitteln. Manchmal auch im Zusammenspiel mit Abbildungen.

Herausforderung: Mit vorgegebenen Abbildungen arbeiten. Deine Bezahlung hängt von den Verkaufszahlen des Buches ab.

Werbeposter

Auftrag: Einen spannenden Schriftzug entwerfen, der auf den ersten Blick die Aufmerksamkeit der Vorbeifahrenden oder Passanten erregt.

Herausforderung: Es müssen verschiedene Informationen auf dem Poster untergebracht werden. Deswegen musst du wahrscheinlich auch einen Font verwenden, der zu deinem Lettering passt.

Verpackungen

Auftrag: Die Gestaltung eines Schriftzugs, der eine oder mehrere Eigenschaften eines Produkts transportiert. Wahrscheinlich arbeitest du mit einem Verpackungsdesigner zusammen.

Herausforderung: Das Produkt muss sich von den anderen Produkten im Supermarkt-Regal abheben.

Gebrauchsgrafik

Auftrag: Ein Lettering für Einladungen oder Grußkarten entwerfen.

Herausforderung: Die Anmutung des Lettering sollte zum Anlass passen.

Bekleidung

Auftrag: Ein schönes Design entwerfen, das Menschen auf ihrer Kleidung tragen möchten. Normalerweise hast du viele Freiheiten in der Gestaltung.

Herausforderung: Die Produktionstechniken erlauben oft nur eine begrenzte Anzahl an Farben und Effekten.

Tattoos

Auftrag: Jemand wird dein Lettering für immer auf der Haut tragen. Bist du dir sicher, dass du diesen Auftrag annehmen willst?

Herausforderung: Die Stech-Technik erlaubt nur eine begrenzte Anzahl an Farben und Effekten.

und noch viel mehr ...

Der eigene Kunde sein

Den Anlass zu einem Lettering-Projekt zu finden, ist nicht einfach, gerade wenn man (noch) keine Auftraggeber hat.

Mein Rat: Schaffe dir deine Aufgaben selbst. Gestalte ein Poster oder eine Postkarte, entwirf eine Grußkarte für einen Freund oder schreibe eine Einkaufsliste – versuche immer und überall Buchstaben zu zeichnen. Warte nicht auf das Traumprojekt, sondern beginne es selbst! Du brauchst nur deine Zeit und etwas Fleiß zu investieren (und vielleicht ein klein wenig Geld), um dein eigener Kunde zu werden.

Wenn du keinen Kunden oder Artdirector hast, der deine Arbeit beurteilt, suche dir selbst ein Publikum. Erstelle einen Blog oder ein Portfolio, benutze soziale Netzwerke oder besuche Design-Stammtische.

Lettering vs. Calligraphy war mein erstes Nebenprojekt, gemeinsam mit dem italienischen Kalligrafen Giuseppe Salerno. Über eine Online-Plattform wählten wir je einen Buchstaben, den Giuseppe mit Kalligrafie (geschrieben) und ich mit Lettering (gezeichnete Buchstaben) gestalteten.
Dieses Projekt hat viel Aufmerksamkeit auf meine Arbeit gelenkt und sie nachhaltig verbessert, da ich gezwungen war, in kurzer Zeit viele verschiedene Buchstabenformen zu entwerfen

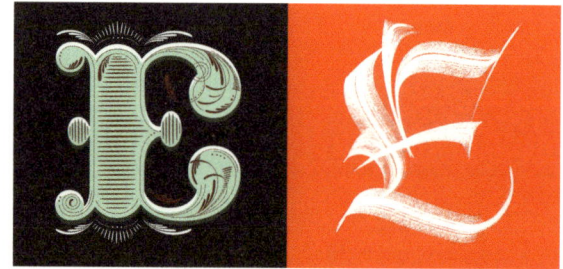

letteringvscalligraphy.com

Erst, wenn du deine Arbeiten der Öffentlichkeit zeigst, werden du und dein Lettering sichtbar. Außerdem hast du dadurch die Möglichkeit, andere Gestalter zu treffen, die dir wertvolles Feedback geben können. Denn ein kritischer Blick ist für die Qualität deiner Arbeit wichtig.

Allein der Fakt, dass du weißt, dass jemand deine Arbeiten sehen wird, hilft dir, besser zu gestalten. Durch die Präsentation deiner Arbeit bekommst du außerdem einen Überblick über deinen Arbeitsstand. Du kannst ihn mit vorherigen Entwicklungen vergleichen und deinen Fortschritt sehen.

Es kann sein, dass dir das, was du heute zeigst, morgen schon nicht mehr gefällt. Das ist normal und beweist nur, dass dein typografisches Auge feiner wird.

Letter-Collections ist mein jüngstes Projekt, in dem ich Postkarten entwerfe und an Freunde, Kollegen und auch an Unbekannte versende. In diesem Projekt zeichne ich ganze Wörter, nicht nur Buchstaben. Mein Ziel ist, 100 Postkarten zu verschicken. Ich verschicke sie sowohl als richtige Postkarten, aber stelle sie auch online zur Verfügung, sodass andere Menschen sie verwenden können. In diesem Projekt arbeite ich mit vielen unterschiedlichen Stilen und trainiere auch meine Selbstorganisation, da ich die Postkarten in kleinen Pausen zwischen vielen anderen Aufträgen entwerfe

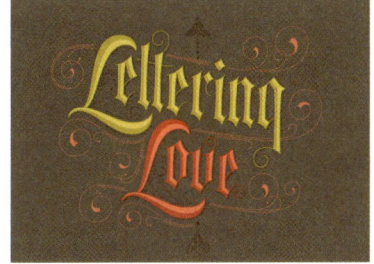

lettercollections.com

Deine Arbeit präsentieren

Um eine Karriere als Lettering-Designer zu beginnen, solltest du eine Handvoll guter Arbeiten zeigen können. Doch woher kommen die Arbeiten am Anfang, wenn du noch keine Aufträge hast? Wie schon erwähnt, kannst du dir deine Aufträge auch selbst geben, dadurch dein Portfolio erweitern und deine Arbeit verbessern.

Auftraggeber zu haben ist nicht nur für dein Einkommen gut, sondern hat auch Einfluss auf deine zukünftige Arbeit. Denn die Arbeiten, die du in deinem Portfolio zeigst, wecken das Interesse potenzieller neuer Kunden und beeinflussen so die Art deiner zukünftigen Aufträge.

Es gibt verschiedene Wege, deine Arbeiten zu zeigen. Ich verwende viel Zeit darauf, zu planen, wie ich ein neues Publikum gewinnen kann. Es macht mir einen Riesenspaß, Neujahrsgrüße zu gestalten, und ich versuche jedes Jahr mit neuen Ideen zu beeindrucken. Außerdem drucke ich Postkarten und Kunstdrucke, die ich auf Konferenzen und in Workshops verschenken kann.

Jedes kleine Stück meiner Arbeit, das ich in die Welt hinausgebe, macht Menschen auf meine Arbeit aufmerksam und lockt sie auf meine Webseite. Jeder Beitrag in einem sozialen Netzwerk, jede Postkarte und jede Visitenkarte, die ich weggebe, hofft auf einen Betrachter, der daraufhin mein Online-Portfolio besucht und sich meine weiteren Arbeiten anschaut.

Ein aktuelles Portfolio informiert nicht nur potenzielle Kunden, sondern verschafft auch dir selbst einen Überblick über deinen Arbeitsstand. Du siehst, wo du im Prozess stehst und welche Arbeiten als nächstes passen würden. Bevor ich einen Auftrag anfange, klicke ich mich oft durch meine Webseite. Dabei kann ich reflektieren, was ich gemacht habe und in welche Richtung es weitergehen soll.

Es kann sein, dass Kunden sich den Auftrag in einem Stil vorstellen, den sie auf deiner Webseite gesehen haben. Das ist einerseits gut, weil du eine bestimmte Technik oder einen Stil schon perfektioniert hast und ihn nun auf ein nächstes Level steigern kannst. Aber es kann auch langweilig für dich werden, sodass du das Gefühl hast, dich nur noch selbst zu replizieren. Mein Rat dafür: Versuche den Kunden zu überzeugen, dass du auch andere Stilrichtungen oder Werkzeuge beherrschst.

Durch eine sorgfältig überlegte Auswahl und Präsentation deiner Lettering-Arbeiten kannst du deine zukünftigen Aufträge gezielt weiterentwickeln. Wenn du dein Portfolio zusammenstellst, solltest du Folgendes beachten:

Präsentiere deine Arbeiten als Projekte

Wahrscheinlich möchtest du dich nicht nur als jemand darstellen, der »schöne Bilder« macht. Du bist auch ein konzeptioneller Denker und eine kreative Persönlichkeit. Das sollte sich auch in deinem Portfolio widerspiegeln. Du kannst ein paar kurze Einblicke in das Projekt geben, indem du das Briefing, deine Arbeitsweise und deine Inspiration beschreibst. Vergiss nicht, auch die Personen zu benennen, mit denen du zusammengearbeitet hast (z. B. Artdirector oder Redakteur), genauso wie deine Kunden.

Aktuelle Arbeiten sind wichtig!

Halte dein Portfolio immer auf dem neusten Stand. Es ist essenziell, dass deine Webseite einfach bedienbar ist. Halte dich von komplexen Intro-Animationen und verschiedenen Sprach-Features fern. Deine Webseite sollte einfach zu aktualisieren sein, eine simple Navigation haben und deine besten und aktuellsten Arbeiten zeigen (siehe auch »Triff eine Auswahl«). Auch wenn du zu manchen Zeiten viele Aufträge hast, solltest du dich weiter um deine Webseite kümmern, denn sie bringt dir die neuen Kunden der nächsten Monate und Jahre.

Triff eine Auswahl

Dein Portfolio sollte ein Spiegelbild dessen sein, welche Aufträge du in der Zukunft machen möchtest. Du willst keine kalligrafischen Hochzeitskarten mehr gestalten? Dann poste nicht das letzte Postkarten-Set von der Hochzeit deiner Cousine. Wenn du einen Job nur machst, um deine Miete zu bezahlen, und darauf nicht sonderlich stolz bist – zeige ihn nicht auf deiner Webseite. Die Grundregel ist: Zeige keine Arbeiten, die du nicht magst – und zeige die, von denen du mehr machen möchtest.

Messe deinen Erfolg

Sobald du eine gut aussehende und funktionierende Webseite erstellt hast, brauchst du idealerweise nur noch darauf hinzuweisen, dass deine Arbeiten dort zu sehen sind. Aber woher weißt du, ob die Leute tatsächlich auf deiner Webseite waren? Wie kannst du wissen, ob eine deiner Werbeaktionen erfolgreich war?

Glücklicherweise gibt es dafür Messwerkzeuge, die für dich entsprechende Daten sammeln. Das Einfügen eines einfachen Google-Analytics-Codes auf deiner Seite kann viele Information darüber liefern, welches die meistgesehenen Projekte sind, woher der Traffic kommt und welches Publikum Interesse an deiner Arbeit hat.

Kenne deine Kunden

Es ist wichtig, im Vorhinein die Zielgruppen zu definieren, mit denen du arbeiten möchtest. Wenn du beispielsweise mit internationalen Kunden arbeiten möchtest, solltest du dir eine .com-Domain zulegen. Und wenn deine potenziellen Kunden Englisch sprechen, brauchst du keine Zeit darauf zu verwenden, deine Webseite auf Deutsch, Spanisch, Bengali und Türkisch zu übersetzen.

Soziale Netzwerke, ja oder nein?

Lettering kann ein recht einsamer Beruf sein. Zwar arbeitest du mit Kunden oder Artdirectors zusammen – trotzdem sitzt du am Ende eines langen Arbeitstages dann doch allein am Schreibtisch und schiebst Vektorpunkte hin und her.

Die Mitgliedschaft in sozialen Netzwerken hat mir geholfen, eine Balance zu finden. Sie hat mich in täglichen Kontakt und in den Dialog mit vielen spannenden Menschen gebracht, die sich für mich und meine Arbeit interessieren. Das spornt mich an, mehr und bessere Arbeit zu machen. Natürlich lenken soziale Netzwerke auch von der Arbeit ab und verschwenden manchmal etwas Zeit. Aber tun wir das nicht privat sowieso schon?

Die Kehrseite der sozialen Netzwerke ist, dass ihr Inhalt von der Community bestimmt wird. So findet man unter dem Hashtag #Lettering auf Instagram viele Bilder, von denen einige gar kein Lettering und viele andere von fragwürdiger Qualität sind.

Für einen unerfahrenen Betrachter könnten deine Arbeiten in der Masse der mittelmäßigen Arbeiten untergehen. Doch viele Redakteure und Artdirectors (die einen geschulten Blick haben) suchen auch über die sozialen Netzwerke nach neuen Talenten. Auch hier bietet sich also eine Chance für den nächsten Auftrag.

Verstecke dich nicht!

Verstecke dich nicht mit deiner Arbeit und sei ein Teil der »Creative Community«. Es ist viel wahrscheinlicher, dass dich Artdirectors, Designer oder Ladenbesitzer über einen Umweg kennenlernen als direkt über deine Webseite. Menschen arbeiten mit Menschen, die sie mögen, sei dies über ein »Like« auf Instagram, einen Kommentar auf deinem Blog oder ein Treffen beim Kreativ-Stammtisch. Finde deine eigenen Wege, um präsent zu sein: Gehe auf Konferenzen oder Design-Treffen, benutze Instagram oder Twitter. Meine Empfehlung: Probiere alle möglichen Kanäle und schau, was dir liegt. Das hört sich nach viel Arbeit an – ist es auch –, aber sie ist es durchaus wert und kann sogar Spaß machen!

Brauchst du einen Agenten?

Dies ist der erste Auftrag, den ich drei Stunden nach dem Vertragsabschluss mit meinem Agenten bekam.
Glücklicherweise gefolgt von vielen weiteren Aufträgen für Zeitschriftencover

Wie schon erwähnt, ist die Arbeit des Lettering-Designers vergleichbar mit der eines Illustrators. Deswegen haben Illustrations-Agenturen auch Lettering-Designer in ihren Portfolios und so kann ein Lettering-Designer die eigene Arbeit von einem Agenten vertreten lassen. Wie fruchtbar die Zusammenarbeit ist, hängt sowohl von dem Profil des Agenten ab als auch davon, wie viel Initiative und Produktivität der Designer zeigt.

Durch die Zusammenarbeit mit einem Agenten hast du die Möglichkeit, Kunden zu gewinnen, die du normaler-weise nicht erreichen würdest. Denn es gibt bestimmte Kundengruppen, die nur mit Agenturen arbeiten und nicht im Internet nach »Lettering-Designer« googeln und dich dann anrufen.

Sogenannte »Großkunden« arbeiten gern mit Agenturen, da diese routiniert darin sind, Verträge, Lizenz- und Geheimhaltungsvereinbarungen abzuschließen. Genau das sind oft die Schwachstellen eines Freelancers. Gleichzeitig sind diese Schwachstellen ein guter Grund für einen Freelancer, einen Agenten zu finden: auch deine künstlerischen Arbeiten werden dadurch geschützt.

Wenn du einen Agenten beauftragst, bist du auf einem guten Weg dahin, mehr Zeit mit dem zu verbringen, was du eigentlich machen möchtest: mit dem Zeichnen.

Titel-Illustration für das
»New Statesman uk Magazine«.
ad: Anja Wohlstrom

Wenn du als Freelancer arbeitest, musst du mit der-selben Person über den Preis verhandeln, mit der du auch im kreativen Prozess zusammenarbeitest – das kann manchmal unangenehm sein. Hast du einen Agenten, der dir die Verhandlungen abnimmt, stärkst du die Wahrnehmung von dir als Künstler. In den Augen des Kunden »bist du so beschäftigt, kreativ zu sein«, dass du keine Zeit hast, dich um alltägliche Dinge wie »Geld« zu kümmern.

Ein Agent kümmert sich nicht nur um das Rechtliche Finanzielle. Er ist auch Förderer deiner Kunst, er hilft dir, sie zu verbessern, und gibt dir Rückmeldung darüber, welche Arbeiten gut angenommen werden und worüber gesprochen wird. Da ein Agent dich vor den Kunden vertritt, sollte er einen professionellen Auftritt haben und du solltest dich mit seinen Werten und Verhaltensweisen identifizieren können.

Agenten werden in Prozentanteilen des Auftragswerts bezahlt, die von Agent zu Agent variieren können. Manche erlauben dir, auch eigene Aufträge zu haben, an denen sie nicht beteiligt sind und bei denen du den vollen Preis bekommst. Andere bestehen auf Exklusivität, das heißt, alle Aufträge laufen über sie.

Es gibt Agenturen, die die vollen Rechte für das Werk bei dir belassen, während andere die Rechte an die Agentur binden. Im zweiten Fall kannst du Arbeiten, die im Auftrag der Agentur entstanden sind, in deinem Portfolio zeigen, solange du einen Vertrag mit der Agentur hast. Doch solltest du dich entscheiden, allein weiterzuarbeiten oder die Agentur zu wechseln, bekommst du Probleme mit den Rechten an deinen eigenen Bildern.

Verhandle über deine Rechte mit dem Agenten und lies den Vertrag gründlich durch, bevor du ihn unterschreibst

» 3 for 13 « steht für drei Wünsche für das Jahr 2013

Ich habe meinen Agenten seit 2013. Zum Jahreswechsel schickte ich ihm eine Grußkarte mit drei Wünschen für das neue Jahr. Kurz darauf erhielt ich einen Anruf von der Agentur und seitdem arbeiten wir zusammen

Suche dir gezielt einige wenige Agenturen heraus, deren Profil zu dir passt, und konzentriere dich darauf, von diesen wahrgenommen zu werden. Das ist besser als wahllos ganz viele Agenturen anzuschreiben. Gute Agenturen bekommen ständig Anfragen von Künstlern, also sei kreativ bei deiner Ansprache. Auf Messen und anderen Events der Szene bieten sich auch Gelegenheiten, Agenten persönlich zu treffen.

Was ist deine Arbeit wert?

Der Preis deiner Arbeit setzt sich aus der Kombination folgender Faktoren zusammen:

 **Zeitplan**

Wie sind die Deadlines, in welcher Zeit musst du die fertige Arbeit abliefern? Musst du andere Arbeiten verschieben oder absagen, wenn du diesen Auftrag annehmen möchtest?

TIPP:
Ich empfehle das Buch
» Graphic Artist's Guild
Handbook of Pricing and
Ethical Guidelines «, es
enthält umfassende
Informationen zur Preis-
gestaltung und Vertrags-
beispiele

 **Komplexität**

Wie viele Korrekturrunden sind geplant, wie komplex soll das Bild werden und wie viele Schritte sind erforderlich?

 **Zeitliche und räumliche Nutzungsrechte**

Welche Nutzungsdauer wird benötigt (ein oder fünf Jahre bzw. unbegrenzt), welche Medien werden eingesetzt (TV, Plakatwerbung, Zeitschrift) und in welchem Raum (Deutschland, deutschsprachige Länder, weltweit)?

 **Exklusivität**

Ist die Arbeit ausschließlich für diesen Kunden? Dann behältst du als Künstler zwar das Copyright, aber der Kunde ist der Einzige, der es kommerziell nutzen darf. Wenn nicht, kannst du noch weiteren Gewinn damit erzielen, beispielsweise Kunstdrucke verkaufen oder eine Lizenz für ein Produkt anmelden.

 **Verwendung**

Wo soll deine Arbeit eingesetzt werden? Handelt es sich um ein Logo, um ein Bild für ein T-Shirt oder ist es eine Werbekampagne? Und wie groß ist die Auflage? Der Verwendungszweck hilft dir einzuschätzen, wie viel Geld in das ganze Projekt investiert wird. Es wäre beispielsweise unverhältnismäßig, 400 Euro für das Lettering zu berechnen, wenn es sich um eine Werbekampagne handelt, bei der allein 100.000 Euro für die Werbeflächen ausgegeben werden.

 **Größe des Unternehmens**

Wie stark ist die Wirtschaftskraft des Unternehmens, mit dem du zusammenarbeitest? Dies steht in direktem Zusammenhang mit Auflage und Verbreitung deiner Arbeit und wie viel Profit der Kunde damit machen wird.

Um deine Karriere als Lettering-Designer nachhaltig zu gestalten, sollte das Angebot für dich und für den Kunden realistisch sein. Einerseits möchtest du den Zuschlag für den Auftrag bekommen, aber andererseits auch davon leben können. Einen Job anzunehmen, der unterbezahlt ist, heißt, in der Zukunft eine Reihe von Kunden zu haben, die ebenfalls zu diesen günstigen Konditionen mit dir arbeiten wollen. Außerdem hält dich ein unterbezahlter Job davon ab, Zeit in gut bezahlte Projekte zu investieren oder neue Kunden zu akquirieren.

Trotzdem kannst du flexibel in der Preisgestaltung bleiben, wenn es sich um Aufträge handelt, die du gerne machst und die einen wertvollen Beitrag für dein Portfolio darstellen. Wenn dich also ein Auftrag interessiert, der nicht gut bezahlt ist, kannst du auch unkonventionelle Formen der Entlohnung finden, wie zum Beispiel Tauschgeschäfte.

Wenn du mit einem Kunden verhandelst, der kein großes Budget hat, können die oben genannten Faktoren helfen. Vielleicht könnt ihr die Deadlines etwas flexibler gestalten, die Korrekturrunden limitieren oder die Nutzungsrechte auf eine bestimmte Verwendung beschränken? Geld ist ja nicht die einzige Größe, mit der du verhandeln kannst.

Erstelle eine professionelle Vertragsgrundlage für dich und den Kunden. Das schützt deine Arbeit und definiert klare Bedingungen, zu denen der Auftrag erfolgt. Der Vertrag sollte alle besprochenen Konditionen enthalten; das betrifft unter anderem auch Zahlungskonditionen für den Fall, dass der Auftrag frühzeitig abgebrochen wird oder der Kunde unzufrieden mit dem Ergebnis ist. Am wichtigsten: Halte fest, dass das Copyright bei dir verbleibt. So bleibst du der Autor deiner Arbeit und kannst sie auch als solche zeigen.

Tipps für einen professionellen Arbeitsprozess

Buchstaben zeichnen ist ein langsamer Job. Das war meine erste Erkenntnis, als ich als Vollzeit-Lettering-Designerin angefangen habe. Da ich ein Ein-Frau-Unternehmen leite und davon leben möchte, musste ich meinen Workflow verbessern:

- mehrere Projekte gleichzeitig machen;
- mich dem Arbeitsrhythmus der Agenturen und Verlage anpassen (wo Projekte oft mit viel Zeitdruck verbunden sind).

Eine gute Skizziertechnik hilft enorm bei diesem Prozess. Sie unterstützt mich dabei, in kürzester Zeit eine Idee zu visualisieren, sie mit dem Kunden zu diskutieren und danach genug Zeit für die digitale Ausführung zu haben.

Die Arbeit mit schnellen Skizzen kommt sowohl dem Kunden als auch dem Designer zugute. Sie erlaubt, innerhalb kürzester Zeit ein Konzept zu liefern und herauszufinden, ob der Kunde und du auf dem gleichen Weg sind. Wenn nicht, skizzierst du eine neue Idee und besprichst sie direkt mit dem Kunden.

Vor einiger Zeit habe ich einen Auftrag mit einer sehr engen Deadline bekommen. Trotz des knappen Zeitplans war ich interessiert und habe mich entschieden, den Job anzunehmen. Als ich das Briefing erhalten hatte und letzte Fragen geklärt waren, setzte ich mich direkt an die Skizzen. Ein paar Stunden später konnte ich die erste kolorierte Skizze an den Kunden schicken. Der Artdirector antwortete mir direkt: Er mochte die Richtung des Entwurfs sehr, jedoch gab es ein Problem – es war der falsche Text! Ich hatte einen Fehler gemacht, und zwar einen ziemlich großen.

Nach kurzem Durchatmen entschuldigte ich mich und lieferte nach zwei Stunden neue Entwürfe. Ich bekam positives Feedback und konnte mich an die Digitalisierung machen, um die Arbeit schnell fertigzustellen. Ich hatte kaum Zeit verloren, obwohl ich ein Lettering-Projekt mit dem falschen Text entworfen hatte! Diese Geschichte zeigt, dass eine schnelle Skizziertechnik die Beziehung zum Kunden und alle zukünftige Zusammenarbeit gerettet hat.

*Der Auftrag,
den ich fast
vermasselt habe*

*Kapitel-Auftakt für das
»5280 Magazine«.
ad: Dana Pritts & Dave
McKenna*

Gründe für den Arbeitsprozess mit Skizzen

★ Spart dir und dem Kunden Zeit

★ Schnelle Korrekturen von Fehlern und Veränderungswünschen

★ Macht auch kurzfristige Aufträge möglich

★ Verschafft dir Zeit, dich später um die Details zu kümmern

★ Der Kunde nimmt aktiv am Arbeitsprozess teil

★ Handgefertige Skizzen werden in der digitalen Welt als Mehrwert gesehen

Die Arbeit mit Skizzen hat zwei weitere Vorteile. In der ersten Skizze legst du zwar die grundlegende Form fest, die Kleinigkeiten werden jedoch noch nicht ausformuliert und erst später definiert. Dadurch bleibt die Arbeit für dich interessant und auch für den Kunden sind die nächsten Schritte weiterhin spannend. Außerdem nimmt der Kunde an dem Arbeitsprozess teil. Er kann die einzelnen Schritte sehen und Einfluss darauf nehmen.

Ein weiterer positiver Effekt der Technik ist, dass handgefertigte Skizzen in der digitalen Welt gerne gesehen und geschätzt werden und sie die Wertigkeit deiner Arbeit steigern. Der Kunde sieht deine Arbeit auch als ein Handwerk und nicht nur als eine Dienstleistung.

Wie wir im Laufe dieses Buches gesehen haben, braucht die digitale Zeichnung viel mehr Zeit als die Handskizze. Plane also genügend Zeit für die Digitalisierung ein. Weitere Zeit musst du dafür einplanen, deine Arbeitsschritte zu präsentieren und Feedbacks einzuholen. Das beinhaltet Telefonate und E-Mails mit dem Kunden, das Vorbereiten und Versenden oder Hochladen von Dokumenten sowie eventuell auch die Verhandlungen über deine Entlohnung.

Auf den nächsten Seiten werde ich den Prozess eines Lettering-Auftrags Schritt für Schritt erklären, angefangen beim Briefing, über die ersten Skizzen und das Feedback bis hin zur Digitalisierung.

Deine Kunden beauftragen dich, weil sie deine Arbeit mögen, aber auch, weil sie gerne mit dir zusammenarbeiten, deine kreativen Lösungen schätzen oder weil du ein gutes Zeitmanagement hast. Die Ergebnisse sollten gut aussehen, doch noch viel besser werden sie beim Kunden ankommen, wenn auch der Arbeitsprozess glatt und ohne Komplikationen verläuft.

Rebriefing macht alles leichter

Ein Auftrag beginnt normalerweise mit einem Anruf oder einer E-Mail von einem Kunden. Du erhältst eine Aufgabenbeschreibung, die auch den Zeitplan, Format, Farbgebung, Nutzung, Datenformate enthält. So bekommst du einen Eindruck von Inhalt und Umfang. Einige Kunden wissen auch schon das Budget für den Auftrag. Und natürlich stellt der Kunde die Frage, ob du Interesse und Zeit für den Auftrag hast. Es gibt ein paar Dinge, die du dir vor einer Zusage überlegen solltest:

○ Zeitplan: Wie sind die Deadlines für die ersten Entwürfe und für die fertigen Ergebnisse. Kann ich das schaffen?
○ Budget: Passt das vorgeschlagene Budget (falls es schon eins gibt) zu meinen Erwartungen (siehe »Was ist meine Arbeit wert«).
○ Künstlerischer Anspruch: Bin ich der Richtige für die Vorstellungen des Kunden?
○ Und am wichtigsten: Möchte ich den Job machen?

Normalerweise wirst du einen Vertrag mit einem Artdirector oder Redakteur machen. Er wird auch die Person sein, von der du das Briefing erhältst und Feedback bekommst.

Titel: Die Verrückte, Autor: Lauren Laura Lou.
Genre: Erzählung, Klassik, Historischer Roman.
Zielgruppe: Mädchen, 12+.
Umschlagformat: 284 mm breit (129 mm Rückseite, 26 mm Buchrücken, 129 mm Cover) x 198 mm hoch.
Zeitplan: Erster Entwurf bis zum 4. November. Fertigstellung bis Anfang Dezember.
Datenformate: Vektorzeichnung als PDF-Datei. Bitte 5 mm Beschnitt hinzufügen.
Umschlaggestaltung: Da die Geschichte im viktorianischen Zeitalter spielt, wünschen wir uns Buchstaben, die aus dieser Zeit inspiriert sind. Es soll eher modern und frisch aussehen, nicht alt und vintagemäßig. Wir würden gerne zwei bis drei Farben auf dem Cover verwenden.
Rückseite: Wir brauchen Platz für einen Textblock und den Barcode.
Buchrücken: Muss den Titel und Autor enthalten sowie unser Logo. Gern können hier dekorative Elemente hinzukommen, die den Rücken mit dem Cover verbinden.

Format: Arbeite von Anfang an mit den richtigen Maßen

Deadlines!

Falls keine Angaben: frag nach!

Suche Stichwörter für erste Ideenskizzen

Farben!

Texte und andere Gestaltungsvorgaben

Ein guter Artdirector ist für das Briefing wichtig, da er normalerweise viel Erfahrung mit solchen Aufträgen hat. Für einen reibungslosen Arbeitsprozess ist außerdem ein freundlicher zwischenmenschlicher Kontakt hilfreich.

Nachdem du Briefing und Projektbeschreibung bekommen hast, versuche an alle Themen zu denken, die dort nicht aufgeführt sind. Schäme dich nicht, Fragen zu stellen. Artdirectors arbeiten normalerweise an vielen verschiedenen Projekten gleichzeitig und sind dankbar, wenn du Dinge klärst, die sie eventuell übersehen haben.

Am besten beantwortest du die Anfrage innerhalb der nächsten 24 Stunden. Agenturen und Verlage haben schnell arbeitende Strukturen und sie werden nicht lange auf deine Antwort warten. Es wäre schade, wenn du einen Job nicht bekommst, nur weil du nicht rechtzeitig geantwortet hast.

Zeige in deiner ersten E-Mail, dass du Interesse an dem Job hast und formuliere deine offenen Fragen möglichst deutlich.

Falls du den Job nicht annehmen kannst, antworte freundlich und bedanke dich für das Interesse an deiner Arbeit. Benenne auch kurz, warum du den Auftrag nicht machen kannst

Achte darauf, dass du per Telefon erreichbar bist, da die Auftraggeber eventuell keine Zeit haben, lange Antworten zu schreiben. Am besten du bietest direkt an, dass sie dich auch anrufen können.

Du solltest erfragen, ob es schon eine bestimmte Vorstellung vom Stil des Letterings gibt oder ob der Artdirector eine bestimmte Arbeit aus deinem Portfolio besonders mag.

Auch wenn du selbst schon Ideen für das Lettering hast, könntest du sie in deiner ersten E-Mail kurz andeuten. Aber verliere dich nicht im Detail, der richtige Zeitpunkt für deine Ideen ist die Präsentation der Skizzen.

Zuletzt kannst du formulieren, was der Auftraggeber von dir erwarten kann. Normalerweise beschreibe ich dafür kurz, wie mein Arbeitsprozess aussieht. Dass ich zuerst schnelle Skizzen und ein Farbkonzept schicken werde und dass ich dann, wenn Richtung, Stil, Komposition und Farben abgestimmt sind, zur digitalen Zeichnung weitergehe. So beinhaltet mein Angebot zwei Runden mit Skizzen und zweimal die Möglichkeit für Korrekturen. Wenn dem Auftraggeber diese Arbeitsweise zusagt, dann würdest du gern mit ihm zusammenarbeiten!

✓ Sei höflich
✓ Räume Zweifel aus
✓ Kontrolliere auf Rechtschreibfehler

Ideen mit dem Kunden abstimmen

Es wäre sehr verwirrend für den Auftraggeber, ihm deine komplette Exkursion ins Buchstaben-Universum zu zeigen. Deswegen solltest du als ersten Entwurf nur eine einzige, verfeinerte Zeichnung zeigen. Artdirectors oder Redakteure haben oft wenig Zeit und werden sich freuen, wenn du den Prozess möglichst ökonomisch gestaltest. Das heißt, du zeigst eine oder zwei Lösungen für die Aufgabenstellung und betonst, dass du viele Varianten entworfen und gefiltert hast und nur die »Gewinner« zeigst.

Entwürfe müssen nicht schön oder besonders sauber gezeichnet sein. Sie sollten:

- zeigen, wie der Aufbau sein wird,
- die Stilrichtung erkennbar machen,
- Verzierungen andeuten,
- das Farbschema sichtbar machen.

Die Entwürfe können gescannt und digital koloriert werden oder du zeigst sie in Schwarz-weiß zusammen mit einer Farbpalette. Füge einen kurzen Text zu deiner Idee hinzu und beschreibe auch, was in den Skizzen nicht sichtbar ist, etwa Schatten, Texturen oder andere Besonderheiten. Erkläre nicht das, was sowieso schon sichtbar ist. Eine gute Skizze sollte für sich selbst sprechen können.

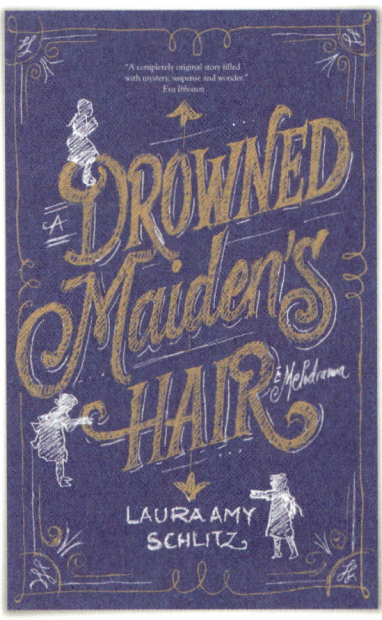
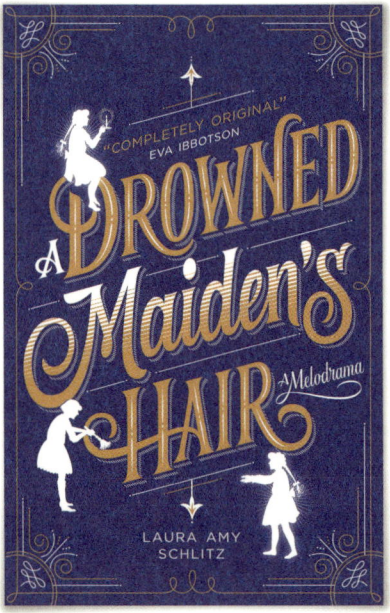

Schutzumschlag für Walker Books.
ad: María Soler Canton

Der Kunde hat um mehr Kontrast zwischen Hintergrund und Schriftzug gebeten

Anhand des Entwurfs wirst du mit dem Kunden besprechen, in welche Richtung das Projekt geht, ob deine Idee für den Zweck passt oder ob Änderungen nötig sind. Die grundlegende Richtung im frühen Stadium des Prozesses abzustimmen, erlaubt es dir, später mehr Zeit und Sorgfalt für die digitale Zeichnung zur Verfügung zu haben.

Ich verwende oft eine Webseite, um Skizzen zu präsentieren. Dort lade ich alles hoch, was für das Projekt wichtig ist: Entwürfe genauso wie Notizen, die Namen der Beteiligten, Terminpläne und die Projektbeschreibung mit den wichtigsten Punkten des Briefings. Das Ganze versehe ich mit einem Passwort. So hat der Kunde die volle Übersicht über den Auftrag, über die Zwischenschritte und die Ergebnisse. Den Link mit dem Passwort kann der Kunde intern an sein Team weiterleiten, ohne mit lästigen PDF-Anhängen arbeiten zu müssen.

Artikel-Überschrift für
DER SPIEGEL *Deutschland*.
ad: Jens Kuppi

✓ Schicke nur ausgewählte Skizzen

✓ Erkläre nicht so viel, lass das Bild für sich sprechen

✓ Sei offen für Vorschläge und Veränderungen

Der Kunde wünschte sich eine modernere Farbkomposition

Umgang mit Feedback

Feedback ist ein unabdingbarer Teil des Prozesses. Der Erfolg des Ergebnisses hängt davon ab, wie gut du die Rückmeldung des Kunden interpretieren und in die nächste Runde einarbeiten kannst.

Feedback kann manchmal etwas ernüchternd und demotivierend sein. Es ist dann besonders wichtig, die Kritik nicht persönlich zu nehmen, professionell zu reagieren und eine Lösung für die Probleme zu suchen. Kommentare und Kritik vom Kunden sind immer dafür da, den Auftrag zu verbessern. Wie zuvor beschrieben, ist der Designprozess keine gerade Linie und jedes Feedback ist ein weiterer Schritt, der zu einem hervorragenden Ergebnis führen kann.

Wenn du das Gefühl hast, dass einer der Wünsche des Kunden nicht passend ist, schlage ihm höflich eine andere Lösung für das Problem vor. Behalte im Kopf, dass der Kunde dich beauftragt hat, weil er deine Arbeit mag und deiner Kompetenz vertraut – vertraue also auch selbst auf deine Erfahrung.

Im besten Fall erhältst du eine geordnete Liste mit Verbesserungswünschen, die du noch einarbeiten sollst. Öfter aber bekommst du Feedback, das nicht klar ausformuliert ist: in E-Mails oder am Telefon – mit einer Mischung aus Problemen und Bewertungen. In dem Fall musst du einzelne Anliegen aufmerksam herausfiltern und dir selbst eine Liste der Wünsche und möglicher Lösungsansätze zu den genannten Problemen erstellen. Sende diese an den Artdirector, um sicherzustellen, dass du alles richtig verstanden und interpretiert hast.

Er wird davon sicher nicht genervt sein, sondern wertschätzen, dass du ihm hilfst, das Projekt (von dem er sicher mehrere gleichzeitig hat) zu strukturieren. Und dir selbst sparst du eine Menge Zeit und Nerven, wenn du vor jedem Korrekturschritt sichergehst, dass du die richtige Richtung einschlägst. Wenn der Kunde sehr viele Veränderungswünsche hat, die sich radikal von deinem Entwurf unterscheiden, oder er um ein anderes Konzept bittet, ist es das Beste, wenn du einen neuen Entwurf anfertigst. Dann kannst du die gewünschten Veränderungen freier umsetzen und in eine zweite Feedbackrunde gehen. Erst wenn diese Klärung und Einverständnis gebracht hat, solltest du dich an die digitale Zeichnung setzen.

Auftaktseite
für Vanity Fair Spanien.
ad: María San Juan

Der Kunde hat sich einen schärferen Strich gewünscht

Überschrift für Glamour Germany. ad: Katja Klinger

Wenn die Korrekturen wenige und nicht so tiefgreifend sind, kannst du mit dem Artdirector vereinbaren, dass du sie direkt in die digitale Zeichnung einarbeitest. Vor der Digitalisierung solltest du in jedem Fall sichergehen, dass der Artdirector mit den Entwürfen einverstanden ist.

Da du an dieser Stelle mit der Arbeit an deiner Reinzeichnung beginnst, ist es sogar am besten, das Einverständnis schriftlich einzuholen. Es ist okay, freundlich zu fragen, ob der Entwurf abgesegnet ist, und klar darauf hinzuweisen, dass du nun an die Feinarbeiten gehen wirst.

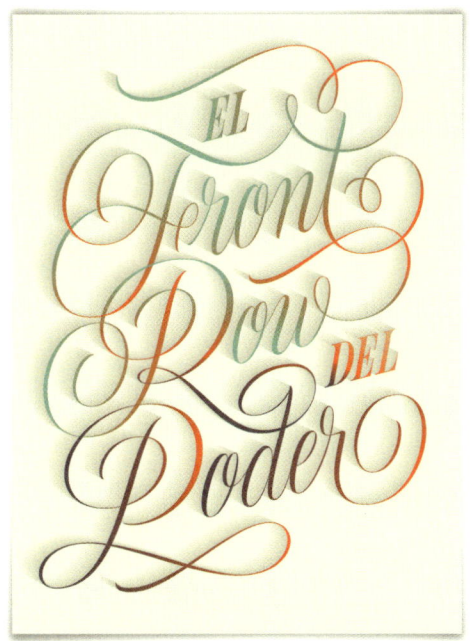

✓ Arbeite die Veränderungswünsche ein und frage bei Unklarheiten nach
✓ Kontrolliere vor dem Verschicken, ob du alle Wünsche erfüllt hast
✓ Warte auf eine Freigabe, bevor du mit der digitalen Arbeit weitermachst

Der Kunde hat einen anderen Farbton für den Hintergrund vorgeschlagen

Digitale Zeichnungen

Wie wir in diesem Buch gelernt haben, ist die Digitalisierung der zeitintensivste Teil des Lettering. Deswegen
ist es wichtig, möglichst wenig Zeit mit den Hand-
skizzen zu verbringen.

Da in den groben Entwürfen noch viele Details unklar
sind, beinhaltet auch der digitale Zeichenprozess noch
einige Entscheidungen. Deswegen solltest du beim Digitalisieren noch eine Korrekturrunde einplanen und
dem Kunden die erste digitale Skizze zeigen. So gehst du
sicher, dass du in die richtige Richtung unterwegs bist.

Nach der Präsentation deines Ergebnisses kann es
weitere Wünsche bezüglich Farbgebung oder Details
geben, die meist recht schnell auszuführen sind.

Bevor du die endgültigen Daten lieferst, solltest du
sichergehen, dass der Artdirector mit den Ergebnissen
zufrieden ist. Eine kurze Nachfrage, ob alles zu seiner
Zufriedenheit ausgeführt ist, reicht—dann kannst du
das Paket mit deiner Arbeit zusammenschnüren.

✓ Die Grundlage sind
die Skizzen
✓ Füge Details und
Extras hinzu
✓ Warte auf Feedback
vor der Fertigstellung

Reduziere alle Ebenen
und lösche die ungenutzen

Wandle alle Elemente,
auch die Konturen, in
Flächen um. Verschmelze
die Buchstaben

Kontrolliere Farbraum
und Beschnitt

Das Ergebnis

Damit dein Lettering skalierbar ist, ohne dass sich die Proportionen der einzelnen Teile verändern, solltest du alle Elemente in Flächen umwandeln. Das gilt für alle Objekte mit einer Kontur, auch für Fonts, falls du welche verwendet hast. Auch wenn du Buchstabenformen in separaten Pfaden angelegt hast, solltest du sie nun in eine einzige Form verschmelzen.

Wenn du es noch nicht geklärt hast, solltest du dich beim Auftraggeber erkundigen, ob ein Beschnitt angelegt werden soll, das ist oft der Fall bei Printprodukten. Dokumente mit Beschnitt sind an allen Seiten zwei bis fünf Millimeter größer als das Endformat, sodass es einen kleinen Sicherheitsbereich zum Beschneiden gibt.

Du solltest außerdem den Farbraum kontrollieren. Für den Druck wird normalerweise CMYK verwendet und für digitale Anwendungen RGB.

Stelle die Dateien online zum Herunterladen bereit. So brauchst du keine großen Dateien per E-Mail zu verschicken und für deinen Kunden wird es einfacher, die Daten weiterzugeben.

Dann verabschiede dich und biete an zu helfen, falls Probleme im weiteren Prozess auftauchen sollten. Lasse den Kunden auch wissen, dass dir die Arbeit gefallen hat und du dich über eine weitere Zusammenarbeit freuen würdest.

Lettering für aiga's »Eye on Design«-Blog. ad: Perrin Drumm

Eine fertige Arbeit überreichen heißt, die Daten in die Form zu bringen, in der der Kunde sie verwenden wird. Deine Zeichnung sollte frei von ungenutzten Ebenen und Farben sein und – sofern der Kunde es nicht explizit anders gewünscht hat – als ein einzelnes gruppiertes Element vorliegen. Das verhindert mögliche Verschiebungen in dem Dokument.

Zeitplanung

In der professionellen Arbeit ist eine gute Zeitplanung unerlässlich. Oft wird deine Arbeit in einem größeren Kontext gebraucht, wie beispielsweise einem Magazin, einer Kampagne oder in einem Branding-Prozess. Solltest du dich mit deiner Arbeit verspäten, wird sich das auf das ganze Projekt auswirken. Viele Menschen stehen zwischen dir und dem finalen Produkt – wenn du dich verspätest, löst du eine Art Domino-Effekt aus. Das solltest du unbedingt vermeiden, denn es kann auch für dich unangenehme Folgen haben und teuer werden, je nach Vertrag. Das willst du sicherlich nicht.

Kümmere dich deswegen immer selbst um deine Zeitplanung, egal wie der Workflow deines Kunden gerade läuft. Dein Projekt ist vermutlich nur eins von vielen, die beim Kunden gleichzeitig entstehen. Solltest du zu lange auf dein Feedback warten, so ist es in Ordnung, freundlich nach einer Antwort zu fragen, damit du zeitnah weiterarbeiten kannst.

Es kann auch passieren, dass ein Projekt komplexer ist als ursprünglich gedacht und deswegen mehr Zeit benötigt. Sobald du das merkst, solltest du beim Auftraggeber Bescheid geben und fragen, ob es eine Möglichkeit gibt, den Zeitplan zu verändern. Projektmanager planen oft einen Puffer ein, sodass du eventuell noch etwas mehr Zeit bekommen kannst. Und bist du früher als geplant mit den Ergebnissen fertig, so wird der Kunde sich freuen und du bekommst vielleicht irgendwo ein Sternchen an deinen Namen.

Besser werden

Deine Karriere als Lettering-Designer wird von einem Portfolio mit guten Arbeiten und glücklichen Kunden bestimmt. Diese Kunden kommen mit neuen Aufträgen wieder und werden dich weiterempfehlen.

Es gibt zwei Faktoren für glückliche Kunden: der erste ist die Qualität deiner Arbeit und der zweite ist der menschliche Faktor. Der erste wird durch das Maß bestimmt, in dem du das Briefing verstehst und beachtest, Feedback einarbeitest und Zeit in die Arbeit steckst. Der zweite Faktor bezieht sich auf einen einfachen und offenen kreativen Prozess, auf freundlichen und unkomplizierten Umgang und darauf, dass du die Zeitpläne einhältst. Denke daran, dass du mit Menschen arbeitest. Sei freundlich, empathisch, professionell, proaktiv und bringe dich ein. Liefere gute Arbeit innerhalb des Zeitplans.

Ganz zum Schluss sei noch eine Erkenntnis verraten: Deine Werke werden niemals fertig sein. Wenn du eine Arbeit von heute in ein paar Jahren anschaust, wirst du wahrscheinlich einiges, wenn nicht gar alles verändern wollen.

Der Korrekturprozess kann endlos weitergehen, es wird immer etwas zu verbessern geben. Deswegen ist es hilfreich, eine äußere Begrenzung zu haben. Sie kann vom Kunden kommen, der die Deadlines bestimmt, oder aber aus dir selbst heraus, weil du merkst, dass es jetzt gut genug ist.

Wenn aber das Ziel ist, exzellente Arbeit zu leisten, wie gut ist dann gut genug? Diese Wahrnehmung von »gut« wird sich mit der Zeit verändern und damit auch deine Standards.

Der Punkt, an dem eine Arbeit fertig ist, ist nicht klar definiert. Einerseits hält uns die ewige Fortsetzung des Korrekturprozesses davon ab, andere Dinge zu machen. Bei einer kommerziellen Arbeit hieße das auch, Deadlines nicht einzuhalten. Andererseits führen unzureichende Korrekturrunden vielleicht zu einem schlechteren Ergebnis.

Das heißt, wir müssen das richtige Maß zwischen diesen Extremen finden. Das ist zwar nicht einfach, aber ganz sicher auch etwas, das wir mit der Zeit und durch viel Übung lernen.

Häufige Wiederholung hilft der Erinnerung, deswegen ist Übung die beste Möglichkeit, die Qualität deiner Arbeit zu steigern. Du erschaffst dir dadurch eine Bibliothek von Formen und Ideen, die beim Arbeitsprozess ganz von selbst auftauchen und wirken können.

Checkliste für gutes Lettering-Design

Um dir eine guten Ruf als Lettering-Designer zu erarbeiten, ist es am wichtigsten, gute Arbeit zu leisten.

Alles, was du entwirfst und der Welt zeigst, wird für immer sichtbar bleiben. Deswegen ist es wichtig, über eigene Arbeitsstandards nachzudenken. Wo möchtest du dich positionieren und welche Beiträge möchtest du zeigen?

Lettering ist heutzutage überall. Social Media hat diesen Boom angestoßen und viele Lettering-Designer beeinflusst. Es gibt sehr viele talentierte Lettering-Designer und der einzige Weg, um sichtbar zu werden, ist, konstant gute Arbeiten zu machen. Doch was definiert eine »gute Arbeit«?

Im letzten Jahr habe ich eine Sammlung von Standards für meine eigene Arbeit gesammelt. So entstand eine Art Checkliste, die ich für jeden meiner Entwürfe anwende.

Standards werden von der Person, die sie schreibt, definiert und verändern sich auch mit der Zeit. Im Folgenden kannst du meine Standards nachlesen, doch sicherlich kannst du auch bald deine eigenen formulieren.

✓ Beständigkeit

Wie wir gesehen haben, haben die Buchstaben bestimmte Formen und Eigenschaften gemein. Wenn ich mich entscheide, mit einer bestimmten Serifenform zu arbeiten, sollte ich diese Entscheidung bei allen Buchstaben in meiner Zeichnung anwenden können. Das heißt nicht, dass ich die gleiche Serife kopiere und überall einfüge, sondern dass ich meine Gestaltungsentscheidung auf jede Form übertrage. Nur so sieht mein Design einheitlich aus und die Buchstaben sprechen die gleiche Sprache. Das Gleiche bezieht sich auch auf den kalligrafischen Stil. Um einen konsistenten Entwurf zu zeichnen, müssen die Buchstaben mit dem gleichen Werkzeug, der gleichen Hand und dem gleichen Tempo ausgeführt werden.

✓ Detail

Es ist meine Überzeugung, dass die Details im Lettering das Alleinstellungsmerkmal im weiten Feld der typografischen Möglichkeiten ausmachen. Da wir nur mit einer kleinen Auswahl an Buchstaben arbeiten, können wir detailreiche Verzierungen einarbeiten, die Type Design in der Form nicht leisten kann.

Ein Type Designer konzentriert sich darauf, ein Alphabet zu erschaffen, das in allen möglichen Buchstabenkombinationen funktionieren muss (einschließlich der Glyphen, Diakritika, Zahlen usw.). Würden dazu noch feinste Details und Ornamente in verschiedenen Varianten entworfen, würde ein Type-Design-Projekt unendlich lange dauern. Die Möglichkeiten, einen individuell passenden Font für einen Schriftzug zu finden, sind deswegen eingeschränkt. Im Lettering können wir unterschiedlichste Verzierungsebenen und komplizierte Details gemeinsam mit den Buchstaben entwerfen und so einen einzigartigen Schriftzug gestalten.

✓ Individualität

Lettering wird für einen bestimmten Zweck individuell angefertigt. Sei es für die Beschriftung eines Geschäfts, für ein Zeitschriftencover oder eine Illustration für einen Artikel.

Die maßgeschneiderte Erscheinung ist die einzigartige Stärke des Lettering im Gegensatz zu Satzschriften. Die Formen, Farben und Anordnungen sind so komponiert, dass der Inhalt zu seiner Entfaltung kommt, während sich die Formen perfekt in ihre Umgebung einpassen.

Da wir nicht mit vorgefertigten Buchstaben arbeiten, erschaffen wir Unikate, die nirgends sonst verwendet werden – so entsteht der einzigartige Charakter unseres Lettering-Designs.

✓ Geschichten erzählen

Erzählt dein Lettering die richtige Story? Die Kombination aller verwendeten Elemente sollte zu der Geschichte beitragen: Farbe, Anordnung, Buchstabenformen und Verzierungen. Ein Kunstwerk, das die falsche Atmosphäre vermittelt oder die Botschaft verfehlt, scheitert als Kommunikationsmedium, egal wie hübsch es aussieht.

✓ Gute Buchstabenformen

Natürlich! Die Buchstaben sind die Stars unserer Arbeit und stehen im Vordergrund. Die Formen sollen gut ausgeführt, konsistent und wohlgeformt sein. Der Hauptfokus des Lettering-Designers ist die Suche nach der exzellenten Form.

Für einen Anfänger ist es verführerisch, den Feinschliff an den Formen zu übergehen und schnell in die Phase der Textur und Farbgebung einzutauchen. Auch die Anwendung von Effekten, in der Hoffnung, dadurch die Gestaltung zu verbessern, ist verlockend.

Ein Feuerwerk grafischer Effekte, um die schlechten Formen zu verbergen, kann eventuell beim ungeübten Betrachter Eindruck machen, nicht jedoch beim professionellen Blick deines potenziellen Auftraggebers.

✓ Neues erschaffen

Die Kunst des Lettering bezieht sich auf die jahrhundertelange Entwicklung der Schriftkunst. Wir können zurückschauen und uns aus diesem großen Fundus an Buchstabenformen Ideen und Inspiration holen. Gleichzeitig sollten wir wahrnehmen, was moderne Künstler und Designer um uns herum entwerfen und auf welche Weise heutzutage Buchstaben gezeichnet werden.

Sich Inspiration holen heißt weder, ein »Vintage-No-Name-Lettering« eins zu eins zu kopieren, noch einem modernen »Ich-kenne-den-Autor-Design« nachzueifern. Du solltest nicht das wiederholen, was es schon gibt, sondern mit deiner Lettering-Arbeit eine eigene Stimme finden und dadurch etwas Neues in die Welt setzen.

Danksagung

Mein Dank geht an die Menschen, von denen ich Letter Design lernen durfte: Erik van Blokland, Peter Verheul, Paul van der Laan, Peter Bilak, Frank E. Blokland, Françoise Beserik, Ken Barber, Just van Rossum, Petr van Blokland, Lucas de Groot und viele weitere, die direkt oder indirekt Einfluss auf meinen Lernweg hatten. Besonderer Dank geht an Tom Mrazauskas. An meine Agenten bei Handsome Frank, die wirklich viel zum Aufbau meines Portfolios beigetragen haben.

Herzlichen Dank an Giuseppe Salerno, Frank E. Blokland und Elmo van Slingeland für ihre fantastischen kalligrafischen Beiträge zu diesem Buch. An der Verlag Hermann Schmidt und an Bertram, der mitgeholfen hat, diese Seiten zum Glänzen zu bringen. Dank an Hja, meinen Ehemann, für seine ständige Unterstützung und seine praktische Arbeit an einigen Seiten dieses Buches. Und Dank auch an Milo, meinen Sohn, der still neben mir gespielt hat, während ich die Seiten dieses Buches vollendet habe — obwohl er noch ein kleines Baby ist. An meine Mutter und meinen Vater, ich danke euch.

Martina Flor

Literatur und Links

Karen Cheng, **Anatomie der Buchstaben,** 2006

Geum-Hee Hong, **Brush'n'Script,** 2010

Lisa Congdon, **The Essential Guide for Building your Carrer as an Artist,** 2014

Graphic Artist's Guild, **Handbook of Pricing and Ethical Guidelines,** 1984

Cyrus Highsmith, **Inside Paragraphs,** 2012

Gottfried Pott, **Kalligrafie – Erste Hilfe und Schrift-Training,** 2005

Gottfried Pott, **Kalligrafie Intensiv-Training,** 2006

Gregor Stawinski, **Retrofonts,** 2009

Gottfried Pott, **Schreiben mit Hand und Herz,** 2016

Gesine Hildebrandt, Jim Williams, **Schrift wirkt!,** 2012

Gerrit Noordzij, **The Stroke: Theory of Writing,** 2005

Allan Halley, **Font Classifications,** www.fonts.com

Ilene Strizver, **Punctuations,** www.fonts.com

Yves Peters, **figuring out numerals,** www.fontfeed.com

Matthew Butterick, **Practical Typography,** www.practicaltypography.com

Paul Shaw, **Script Type Terminology: A preview of a new book,** www.paulshawletterdesign.com

Tobias Frere-Jones, www.frerejones.com

@martinaflor

Foto von Jules Villbrandt

Martina Flor vereint beim Zeichnen von Buchstaben ihre Talente sowohl als Designerin als auch die als Illustratorin.

Sie ist in Buenos Aires aufgewachsen, hat dort Grafikdesign studiert und arbeitete viele Jahre als Illustratorin und Artdirector. Nach ihrem Master in Type Design an der KABK in Den Haag gründete sie in Berlin ihr Studio.

Spezialisiert auf Lettering und Schriftgestaltung arbeitet sie für Verlage, Agenturen und private Kunden in der ganzen Welt.

Martina Flor ist Mit-Initiatorin des Online-Wettkampfes »Lettering vs. Calligraphy«, der große Aufmerksamkeit im Netz bekam, sowie weiterer Projekte, wie zum Beispiel die Postkartensammlung »Letter Collections«.

Die von ihr geführte Lettering-Workshop-Reihe »Good Type« gibt es nach fünf erfolgreichen Jahren inzwischen auch mehrsprachig auf verschiedenen Online-Plattformen. Wenn sie nicht gerade Buchstaben zeichnet, lehrt sie an mehreren Universitäten oder reist für Vorträge auf Design-Konferenzen und Workshops um die Welt.

Mit ihrer Arbeit hat Martina Flor entscheidend dazu beigetragen, Lettering-Design in der europäischen Design-Szene bekannt zu machen und wurde zu einer festen Größe in der Welt des Lettering.

© 2016
Verlag Hermann Schmidt und bei der Autorin
3. Auflage 2019

GESTALTUNG: Martina Flor
SATZ: Martina Flor, Pia Friese, Mila Albrecht
ÜBERSETZUNG: Gesine Hildebrandt
KORREKTORAT: Karoline Deißner
SCHRIFTEN: Alegreya Sans und Serif, Quire Sans
PAPIER: 150 g/m² Fly 05
GESAMTHERSTELLUNG: Beltz, Bad Langensalza

verlag hermann schmidt

Gonsenheimer Straße 56
55126 Mainz
Tel. 0 61 31 / 50 60 0
Fax 0 61 31 / 50 60 80
info@verlag-hermann-schmidt.de
www.verlag-hermann-schmidt.de
facebook: Verlag Hermann Schmidt
twitter / instagram: VerlagHSchmidt

ISBN 978-3-87439-884-8
Printed in Germany with Love.

Wir übernehmen Verantwortung. Nicht nur für Inhalt und Gestaltung, sondern auch für die Herstellung. Das Papier für dieses Buch stammt aus sozial, wirtschaftlich und ökologisch nachhaltig bewirtschafteten Wäldern und entspricht deshalb den Standards der Kategorie »FSC, Mix«.

»Die Zukunft sollte man nicht vorhersehen wollen,
sondern möglich machen.«
ANTOINE DE SAINT-EXUPÉRY

Bücher haben feste Preise! In Deutschland hat der Gesetzgeber zum Schutz der kulturellen Vielfalt und eines flächendeckenden Buchhandelsangebotes ein Gesetz zur Buchpreisbindung erlassen. Damit haben Sie die Garantie, dass Sie dieses und andere Bücher überall zum selben Preis bekommen: Bei Ihrem engagierten Buchhändler vor Ort, im Internet, beim Verlag. Sie haben die Wahl. Und die Sicherheit. Und ein Buchhandelsangebot, um das uns viele Länder beneiden.